女 人 要 懂 点

交际心理学

卢帼勤 编著

中国纺织出版社

内 容 提 要

每个女人都希望自己以特有的形象，受人瞩目，让人羡慕。每个女人都想在各种场合大方得体、展现魅力，成为最受欢迎的人。人见人爱是女人社交的一种能力，一种艺术，一种境界，能让你享有丰富的人脉资源，在工作和生活中左右逢源，万事顺心。

本书通过对女人形象、性情、姿态、个性、言语、修养、智谋等方面的分析和阐释，以睿智的笔触，将女性大受欢迎的路径娓娓道来，助你成为社交高手，成为一个最受欢迎的幸福女人！

图书在版编目（CIP）数据

女人要懂点交际心理学／卢帼勤编著．—北京：中国纺织出版社，2018.6 （2024.7重印）

ISBN 978-7-5180-4948-6

Ⅰ.①女… Ⅱ.①卢… Ⅲ.①女性—心理交往—通俗读物Ⅳ.①C912.15-49

中国版本图书馆 CIP 数据核字（2018）第 079709 号

责任编辑：闫 星　　特约编辑：李 杨　　责任印制：储志伟

地址：北京市朝阳区百子湾东里 A407 号楼　邮政编码：100124

销售电话：010-67004422　传真：010-87155801

http://www.c-textilep.com

E-mail:faxing@c-textilep.com

中国纺织出版社天猫旗舰店

官方微博 http://weibo.com/2119887771

北京兰星球彩色印刷有限公司印刷　各地新华书店经销

2018 年 6 月第 1 版　2024年7月第4次印刷

开本：710×1000　1/16　印张：13

字数：201 千字　定价：58.00 元

凡购本书，如有缺页、倒页、脱页，由本社图书营销中心调换

序

现在有句玩笑话“人见人爱，花见花开，车见车爆胎”，内容虽然很恶搞，但我们还是能够体会到这句话以戏谑的口吻形容某个女人的魅力。

诚然，女人们都盼着这种现象能够发生在自己身上。有着纤细的腰肢，端庄地行走在熙熙攘攘的街道上，毫无矫揉造作之态而又仪态万方，众人的目光毫无保留地投射过来，女人嫣然回眸一笑。所有女人都愿意在任何时间、任何地点人见人爱。无论相貌多平凡的女人也不愿意听到别人对自己的否定，女人的世界只容得下雍容的赞歌和华美的诗篇，任何质疑都如一把利剑插进女人的致命点，脆弱的自尊瞬间瓦解殆尽。

但是，做一个讨人爱怜的女人都需要什么条件呢？有人说容貌是先决条件，其实也不尽然。毕竟容貌是天生的，女人是无法选择的。但除了脸蛋之外，你是否还想到其他方面？比如气质、神态、内在的修养、待人接物的语气、对待挫折的态度……这些因素看似不起眼，然而在现实生活中却以一种潜在的高姿态凌驾在美丽的面容之上。人们初见一个女人时往往都会以她的容貌为着眼点，倾国倾城之貌固然养眼，一睹令人流连忘返。然而，生活中这样如美景般的女人实在太少了，即便有，在“第一眼”之后的日子里，人们恐怕也会慢慢地忽略她的容貌，而渐渐地被上面提到的那些非容貌的因素所吸引。

想做人见人爱的女人，说难也难，说易也易。主动权掌握在你自己手里。你以怎样的态度对待周围的人，周围的人就会以怎样的态度回应你。

而这种态度源于内在的修养，修养是逐渐形成的，修养与学历高低、薪水多少、相貌美丑都无关联。一个惹人爱怜的女人，懂得分场合、分情况去解决各类问题。她的存在令肃杀的季节开出欣欣向荣的娇艳花朵，令荒凉的地方拥有草长莺飞的勃勃生机，也令愁容满面、忧郁苦闷的人们笑逐颜开。

总之，在这个世界上就是有这样一种女人。她们虽然没有姣好的容貌，但微笑的样子胜似夏初盛开的牡丹；她们没有火辣的身材，但所到之处尽呈春风化雨之象；她们没有美丽的歌喉，但依旧可以出口成章、一字千金；她们没有高学历，却拥有像大海一样宽广的胸怀和比天空更高远的生活智慧。

不得不说这样的女人是个奇迹，但用奇迹来形容似乎也有所不妥，毕竟从表面上看她们没有什么地方比别人特殊。那么究竟是什么成就了她们，能让她们在平淡的流年里谱写美丽的华章呢？翻开本书，你就会有所领悟。

编著者

2018 年 2 月

目 录

第1张牌

修炼人见人爱的美好性情

行走于马路上，各种各样的女人映入你的眼帘。有的气质优雅，有的娇小可爱，有的开朗活泼，有的沉稳安静……这些类型没有好坏、美丑之分，各样的女人有各样的美。每个女人都希望自己人见人爱，这不是一件天生就决定了的事情。相貌不能代表一切，只要努力修炼好性情，就算相貌不漂亮，也一样会人见人爱。

优雅别致的女人仪态动人

漂亮的女人随处可见，而举止优雅、仪态万方的女人却少之又少。这是因为漂亮的外表可以借助化妆品或服装来打造，而优雅的举止却需要逐渐地培养。优雅一词，彰显着一个女人的魅力和修养，它不是简单地夸夸其谈，而是表现在知性女子的举手投足之间，那一颦一笑让人感到无比的舒适和惬意。优雅是从骨子里不经意地流露出来的，而不是靠装样子就能装出来的。

优雅的女人是有品位的。优雅与学历和金钱无关，它会随着岁月的流逝而令女人更加迷人。优雅的女人是有气质的，不会因为一时的生气苦恼而破口大骂，仪态尽失。男人欣赏美丽的女人，但更钟情有气质的女人。曾经有一项名为“中国女性魅力十大关键词”的调查，吸引了近34万人投票，其结果显示，有95%的被调查者把“优雅”列为女性魅力的首要特征。由此可以看出，优雅是如此打动人心。

现代社会是一个讲究效率和速度的社会，不少人认为优雅已经过时了。遇到问题速战速决，遇到麻烦尽快脱身，是否优雅又有什么关系？优雅的气质能给你带来什么好处？也许只会让你成为一个让人欺侮的可怜人。这是一个很大的误解，优雅不等于退让，优雅也不等于吃亏，它会让你成为别人的榜样。优雅不是一朝一夕就可以练就的，也不是读几本书看些电影电视片段就能学会的，你需要花费一定的精力慢慢培养出优雅的气质。正如奥黛丽·赫本所说，“如果你想红唇诱人，请多说善意的话语。如果你想明眸，请多看他人的优点。如果你想身材苗条，请将食物

赠与挨饿的人。如果你想仪态优雅，走路时要时刻想着有朋友陪伴着你。”

现代社会有很多的女强人，她们和许多事业有成的男人一样，每天奔波于生意场，练就了一身“强身护体”的好本领，生意蒸蒸日上却与感情上郁郁寡欢形成了强烈的对比。生意场上的明争暗斗、钩心斗角让她们没有时间思量优雅的好处与作用，她们已经将优雅弃之身后，抛之脑侧了。优雅的气质不会让你逊色对手半分，相反它还会成为你生意上的得力助手。生意失败的时候，优雅地祝福对手，不光不会让人觉得你做作，相反还会让人觉得你大度。生意成功的时候，优雅地向对手表示感谢，别人也会觉得你的成功是必然的。优雅不仅彰显了你的文化修养，而且它也会在无形中增添你的人格魅力。

优雅的女人在古代大受欢迎，大家闺秀、小家碧玉的形象在文人墨客的笔下演绎得楚楚动人。现代社会的优雅女性也屡屡受到人们的推崇。优雅不是用钱、用装扮就能演绎得完美无缺的，优雅的气质不是贵妇人的专利，也不是有钱人的专有，所有想拥有它的女人都可以通过努力得到。年轻的女孩子不要因为追求时尚而忽略了优雅的美。时尚的东西并不一定就适合你，也不一定是精华的东西，也许有一天时尚会被时间的滚滚洪流洗刷得干干净净。女性的优雅之美经过无数朝代的历练，成为公认的好性情被流传下来。

优雅的培养，需要你的耐心、你的毅力。你的一言一行都是优雅品质的彰显，你的一颦一笑都是优雅仪态的表现。所以不要因为优雅的含义太宽泛，而忽视了这种尽显优雅的细节。如果你想成为众人眼中的优雅女人，如果你想成为女人眼中的优雅榜样，一定要从细节慢慢学起。没有过不去的山，没有蹚不过的河，只要肯努力，只要能用心，不久的将来，优雅的你一定会让别人刮目相看的。

女人独有的柔美让人怜爱

"柔情似水,佳期如梦",杜牧的这首《鹊桥仙》至今仍被人们时时传诵,柔情似水也越来越多地被人们用来形容女人的温柔妩媚之美。柔情的女人,让男人时时牵挂,似水的女人,让男人时时萦怀,念念不忘。无尽的绵绵思念之情真是斩不断,理还乱。女人是水做的,柔情似水在女人的身上表现得淋漓尽致。上帝成功创造女人,不是因为他赋予了女人姣好的容貌、曼妙的体态,而是因为他给予了女人一份特有的温柔。这种温柔让女人尽显婉约之美,丝丝柔情不绝如缕地慢慢袭来,男人又如何能抵挡得住这诱人之美?

柔情的女人是春风,她让周围的人感到舒畅温柔;柔情的女人是朵花,美丽素雅,又让人生怜爱之心。娶到温柔的女人是一种福气,在男人苦恼的时候,她是情绪的调节剂,为男人一扫烦闷和苦恼;在男人高兴的时候,她是成功路上的加油站,让男人马力十足地驶向下一个耀眼的辉煌。女人因温柔而更有内涵、更有灵性,世界因温柔女人的存在而更和谐。

温柔的女人使生活变得更加简单、更加和谐。在《X战警3》中,金刚狼这个血性男儿,因为性情刚烈,时时和别人闹些小别扭。有一回道路上有一辆车堵在他的前面,当他要求那个人给他让道时,因为言语不合,差点儿动手打起来,还好他的女朋友及时赶到,化解了一场争斗。为了这个柔情的女人,金刚狼甚至连生命都可以不要。

柔情是一种境界,也是一种智慧。因为柔情,生活变得更加和谐,亲人、

朋友无不被你的柔情惠及；因为柔情，工作变得更加有趣，枯燥无味的工作因为你变得更有创意，更富灵感。同时柔情也会让你更少树敌，拥有更多的朋友。

恋人之间的柔情，让你更多了一份妩媚，一份情趣。一个温柔的眼神会让人神魂颠倒，一句温柔的言语会让人心跳加速。不要吝啬你温柔的言语，不要珍藏你温柔的表情，将这些给予你的爱人，你们的爱情之火会越烧越旺，你们的爱情会更加坚固，因为你就是他的女神。

柔情的女人是水，她不会因为高山险峻而退缩，高山因为有了水而变得更加多姿多彩。柔情的女人就像一幅山水画，让人流连忘返。血气方刚的男人，因为有了柔情似水的女人，就有了让人猜不透的故事，就有了荡气回肠的爱情。虞姬的柔情使项羽的阳刚变得圆润，他们共同谱写了一支让人心碎的爱情之曲。杨贵妃柔情似水不是错，李隆基爱柔情也不是不对，当杨贵妃死于马嵬坡，李隆基因思念梦到杨贵妃深情款款地对他诉说衷肠时，我们方知柔情的威力是如此巨大，一国之君可以为一个柔情的弱女子，茶不思、饭不想，国事都不愿干，甚至整个江山都可以不要，杨贵妃的柔情实在令人惊叹！“在天愿作比翼鸟，在地愿为连理枝”，白居易道出了这对恋人的心声。

女人可以不漂亮，可以不年轻，但是必须拥有如水的柔情。柔情会让你更加魅力四射，更加让人着迷。柔情是一件艺术品，需要你精雕细琢方能成为珍品。至真至纯的柔情是真情实感的表露，虚假伪作的柔情虽然可能会让你暂时得到别人的喜爱与赞赏，但是时间一久别人就会看穿你的诡计，到那时可就追悔莫及了。男人喜欢漂亮的女人，但是他们更热衷于柔情似水的女人。再美丽的容貌总有一天会逝去，但是似水的柔情却不会因为岁月的关系而老去。经时间的积累，柔情会越来越浓，如陈年酒酿一样甘醇。聪明的你，还不尽快踏上自己的柔情之旅！

矜持赋予女人含蓄内敛之美

矜持一词,最能体现女人的无限柔情之美。矜持不是做作,不是虚伪,举手投足之间尽显女人小心翼翼的风情。《西厢记》中的崔莺莺就是一个很好的例子,因为身份的关系,她不能过多地和张生有交往,可是因为感情的关系,她又不能这样静等,所以她矜持地和张生联系,这既是对她身份的维护,同时又是她追求爱情的明证。

古代的女子都是矜持的很好的榜样,现在戏剧中的舞台动作就是她们当时的再现。一举手一抬头的犹豫,走路时的小心,一个带有爱意的眼神,矜持的气质就这样自然地表现出来。矜持不仅是古代女子的专利,现代的女人同样拥有。矜持的近义词是小心谨慎,矜持的反义词是大大咧咧、无所顾忌。所以矜持的女人小心谨慎,做事深思熟虑,不会冒冒失失地做一件事,所以做事不会有让自己后悔的地方。

矜持的女人是内敛的,有种让人摸不透的神秘之美,吸引着人们去接近她、认识她、了解她。矜持的女人如一杯香茗,闻起来香,品起来更有滋味,品过之后唇齿之间依然留有香气。矜持的女人是周敦颐笔下的莲花,"出淤泥而不染,濯清涟而不妖","可远观而不可亵玩焉"。

矜持与优柔寡断不相等,矜持是做事前仔细思量,而优柔寡断是踌躇不前、不敢下决断,两者完全不是一回事。矜持的女人是成熟稳重的,而优柔寡断的女人是没有自信、不能果断作出决定的人。千万不要将二者弄混。

女人一定要学会矜持,因为矜持会让男人觉得你是自重的、自尊的、不

可亵渎的。男人都是有征服欲望的,切不可因为他的坚持而放弃了自己矜持的底线,得不到的东西才是最好的,不容易得到的东西才更珍惜。这就像是你买东西砍价,如果很容易就砍下价钱,等你拿到了东西,你就会觉得自己吃亏了,可是当你费了半天的劲才砍下价来,哪怕只砍下来一元,你也会觉得自己买得值。所以,聪明的女人一定要有自己的矜持底线,底线之内的事情,你可以不用太在意,但是一旦超过底线,一定要坚持,只有这样,他才会珍惜你、尊重你、更爱你!

做个矜持的女人,一定要把握分寸,万不可因为太过矜持而错失了良机。错失了机会,让人追悔莫及。有些时候千万不要因为太在意自己的矜持,而强迫自己违心地不做自己想做的事。有些事、有些人一旦错过了,可能一辈子都遇不到了。

做个矜持的女人,你会锻炼自己的能力,不管是大局还是细节,你会考虑得周全周到。做个矜持的女人,可能你不漂亮,但是你的气质却让你在众多的女人当中脱颖而出,因为你对自己严格,你的杰出是必然的结果。

所以作为女人,有必要要求自己做一个矜持的气质美女,从细节做起,凡事都要三思而后行,该不该做、值不值得做,你自己心中一定要有数。做事马马虎虎,凡事不考虑后果,以这样的态度对待生活,生活也会这样对待你。

做个矜持的女人,哪怕自己不是美女,你也要把自己当美女一样对待,美女有无数种,她们之间没有什么可比性,所以不要打击自己爱美的积极性。如果你生性喜欢安静,性格又比较柔和,那就做一个人见人爱的矜持型美女吧!

做个矜持的女人,不浪费生命中的每一天,计划好自己每天该做的,用心去做,人生的路上会有好些你意想不到的丰厚回报等着你。

如花笑靥让女人如沐春风

人与人之间的沟通，笑容是最有感染力的。笑容可以化解恩怨，可以消除矛盾，笑容的威力实在是太大了，杨贵妃回眸一笑百媚生，曾有多少人为之倾倒。形容女人笑容的词实在是太多了，娇笑、媚笑、微笑、格格地笑、哧哧地笑……在各种各样的电视广告上、杂志刊物上、海报上，见的最多的就是人们微笑地对着我们。就是因为笑的威力巨大，有谁对着一个微笑的脸庞而不会生起欣赏之意呢？在日常的生活中，人们之间的笑容多一点，矛盾和隔阂就会少一些，世界也会因此而更和谐一些。女人的笑容相比起男人的笑容是更有感染力的。

一个抢劫犯被警察追得无路可逃时，惊慌中躲进一个正坐在窗前插花的盲人女孩家。那个盲人小女孩看不到抢劫犯手中拿着的枪和对着她的黑洞洞的枪口，善良、天真的女孩还以为这个人是因为看了电视上对她的报道，和其他的市民一样是来看她插花的。她转过身来对着抢劫犯灿烂地笑着，就是这如花的笑靥让抢劫犯放下了手中的武器，高举着双手向警察投降。也许是小女孩天真无邪的笑容让抢劫犯自惭形秽，也许是抢劫犯在最后一刻被小女孩的笑容感化了，法律没能到达的人心的那个角落，笑容做到了。笑容是人间最美的风景，因为有了笑容，世界才会变得如此丰富多彩，如此生机勃勃。

“5·12”汶川大地震的时候，有一个小女孩的笑感动了全世界，被誉为最美的微笑。小女孩在地震中表现得尤为勇敢，当救援队员把她救出来的时候，小女孩的腿已经断了，但是她始终笑着，而且一直微笑地对着救援队员说：“叔叔，我不疼。”小女孩坚强的笑容让看过的人们心里既有心酸，同时也有对小女孩的敬佩。地震无情，人间有爱，所以灾难并不会压垮我

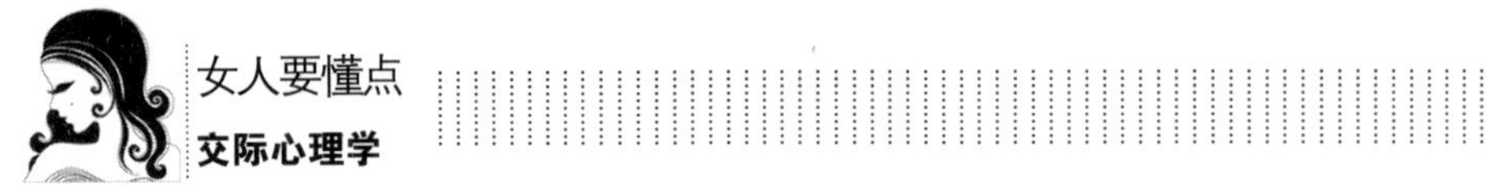

们的脊梁。小女孩的笑容让我们更坚定了救援的信心，让我们更有勇气去面对困难。

做一个爱笑的女人，你的心胸会比以前更宽广，你会比以前更有人缘。笑使你变得更亲切、更随和、更善于与人相处。不要吝啬你的笑容，将笑容给予你身边的每一个人，你会发现原来与人相处并不是一件很难的事情。

笑一笑，十年少。有了笑容你会变得更加年轻，有了笑容你也会变得长寿。若无烦事挂心头，何不天天乐开怀？经常笑的女人，心态良好，不会因为小事而天天忧愁。

做一个爱笑的女人，不用在意年龄，不用在意有没有钱，有开心的事情，乐一乐，人生会更美好。遇到事情的时候，不乐也解决不了事情，还不如乐观一点，开心对待呢！不开心的时候，自嘲地笑笑，掀过这一页，明天又是新的开始。

做一个爱笑的女人，你就会乐观地对待生命中的每一天。做一个爱笑的女人，你的亲人会因为你的笑而更加和睦；做一个爱笑的女人，你的朋友会因为你而更加团结。世间的语言千万种，只有笑是共同的。爱美之心，人皆有之。每个女人都希望自己越来越美，也许容颜会被岁月无情地剥夺去，但是你的笑容却永远不会衰老。用真诚的笑去面对那些你认识的和不认识的人，人间的冷漠就会少一些，真诚就会多一些。

做一个爱笑的女人，你就不会整天唉声叹气地度日，不会每天活在忧愁郁闷中。每天笑一笑，你会发现，其实好多事不用强求，让自己活得那么累有什么好处，不如顺其自然一点更好。爱笑的女人是最美的，微笑着对待每一天，你就会越活越年轻，你的家人也会被你的活力所感染。把自己的笑容给予每个帮助你的人，他们也会心情愉快，这样我们的社会会越来越和谐。祝愿天下的每个女人都是一个爱笑的女人，把冷漠、冷酷收起来吧！

泼辣女人自有野性之美

如果说女人柔情似水让男人心生无限的怜香惜玉之情，那么泼辣的女人就会让男人升起无限的挑战欲望。如果柔情似水的女人是一杯淡淡的香茗，那么泼辣的女人就是一杯浓烈的酒，二者的共同点都是需要品才能品尝到她们的美。

泼辣的女人有一种野性的美，她们那种野性的眼神、话语，时时在刺激着人们的神经。泼辣的女人是爽快的，她不像小女人那样经常摆出一副令人怜爱的样子。她是自立的，不会想着完全依靠男人来生活。她是特立独行的，像风一样来去自如。

泼辣的女人在现代社会颇多，不要以为泼辣的女人就是不好的、蛮不讲理的、与温柔不沾边的，其实不然。泼辣的女人在做事方面讲究效率、速度，做事十分果断，敢作敢为是她们的做事风格，但是在对待亲人朋友方面，她们却是十分温柔的。

泼辣的女人办事干练，不拖泥带水。她们讲究速战速决，办事非常利索，要办就办得最好，办不好还不如不办。

泼辣的女人不怕困难，有强烈的上进心。碰到困难的事情，她们会尽自己最大的努力去解决遇到的问题，遇到困难迎难而上是她们不服输的性格使然。她们做事力争上游，不允许自己不求上进。

泼辣的女人精打细算，持家有道。《红楼梦》中的王熙凤被曹雪芹描写得入木三分，她凭借果断、干练的做事风格和精打细算的持家之道将整个贾府管理得有条不紊。如果王熙凤生活在现在的社会，那她肯定会是一个女强人。

泼辣的女人也有温柔的一面，在心爱的男人面前，再泼辣的女人也有温

情的一面。泼辣的女人是感情忠诚的拥护者，对待爱人，她完全抛弃了自己那副强硬的外壳，柔软的内心世界也只有真正爱她的男人才能体会到。

泼辣的女人心直口快，有事说事。她们对工作负责的精神让所有人慨叹。她们心里有什么话，不会憋在心里，心直口快是她们一贯的作风。

泼辣的女人有一种不服输的性格，失败了，她们会重新站起来，再一次迎接挑战。不服输的性格让她们的意志越来越坚强，战斗力也越来越强。她们敢于和男人斗智斗勇，绝不服输。

泼辣的女人开朗大方，善于交际，喜欢交朋友。她们大方开朗的性格让人们乐于与她们交往，她们不会在背后说人的坏话。她们有自己的一套原则，她们不会违心地去做自己不愿意做的事情。她们性格耿直，落落大方，不会虚假地做一些违心的表情。她们不会矫揉造作，她们习惯做真实的自我。

柔情似水的女人有柔情的美，泼辣的女人有野性的美，二者并无可比性。只是世间的人太多，品位肯定也会五花八门，有喜欢柔情美的，也有爱泼辣美的。柔情的美是内敛的，而泼辣的美是外放的，给人一种视觉冲击效果。在《张小五的春天》中，张小五就是一个泼辣的人，她爱憎分明，质朴无华，她对工作勤勤恳恳，和她的队友一起做了好些让人称赞的工程。面对自己的老父亲，几个姐姐的做法让人心寒，心地善良的张小五则坚持自己的原则，收留了老父亲。张小五这个朴实无华的人经过闫妮的精彩表演，泼辣的性格让人一览无遗。

一个泼辣的女人，同样可以吸引男人的眼睛，野性的美不同于平时大家所认为的女性的美。泼辣的女人是豁达的，但这种豁达不同于男人的豁达，它具有更多女人的圆润、亲和，不要以为泼辣的女人就是没有智慧的傻瓜，她们的学识一般都比较高，目光比较深远，她们不会太在意一时的成败得失，她们的眼光更远大、更长远。

泼辣的女人有魅力，泼辣的女人让人更容易亲近，更自然。泼辣的女人有一种天然未雕饰的美，女人因为有了泼辣，才会变得更有魄力，拿得起放得下。愿泼辣的女人也能发现自己的美。

善解人意让女人赢得人心

男人娶妻,一般都是想找一个善解人意又通情达理的女人做妻子。虽然漂亮也重要,但是如果女人专横无礼、野蛮霸道,估计不会有谁愿意和这样的女人共度一生。

做一个善解人意、通情达理的好女人,让自己的爱人开心,与他经风雨,和他共患难,因为你的存在,他的世界不再是黑白两色的,而是有了明亮的色彩。如此,他又怎会不爱你、不和你共度一生呢?

那如何做一个善解人意的女人呢?

在他心情不好的时候,如果他不想说,不要逼着他说。如果他想说,他自然会告诉你,他不想说,逼他也没用。这个时候,你一定不要和他计较,这时候他的心情不好,受不了任何言语的刺激。如果他想发泄,当回他的出气筒也无所谓,这世界上他和你最亲近,他在外面工作不如意,你就是他避风的港湾,在你的帮助下,他会慢慢好起来的。

有熟人在场的情况下,给足他面子,即便他有什么错误,你也应该给他打圆场。人都是要面子的,尤其是男人。人不是十全十美的,谁没有犯错的时候,当他犯了错误,如果别人在场,尽量帮他弥补,不要当面指责他。如果你当面指责他,就算他知道错了,他也不会接受你的好意,他甚至会据理力争,结果是你们的关系会越来越不好。

对他的爱好应该给予关注,不要太干涉他的自由空间。举个例子,如果他是一个天生的足球爱好者,你非不让他看球赛,而且觉得他在浪费时间,经常指责他,你想他对你的感情能好吗?所以聪明的你就应该适时地表现

你的善解人意，对他适时地嘘寒问暖，在关注他爱好的同时，关注一下他的身体。不要以为他是小孩子，不懂得你的关心，在你这样关怀备至的呵护下，他肯定会更加爱你的。

拥有一个善解人意的女人，是男人的福气，同时也是家庭的福气。一个善解人意的女人，不仅会让家庭和睦，而且会让家里的气氛更加融洽。因为你善解人意，丈夫会更加爱家，你们的关系不会出现不和谐的音符，你也不会害怕丈夫出轨。因为你善解人意，孩子不会和你有隔阂，你们之间会架起一座沟通的桥梁。因为你善解人意，婆媳之间的关系会非常好，不会让你的丈夫因为婆媳不和而大伤脑筋，你的丈夫也就不会时时处于两边受挤的尴尬之地。

做一个善解人意的女人，不是让你逆来顺受，装作大方。做一个善解人意的女人就是让你变得没脾气，这是一个误解。人都是有脾气的，太没脾气，反倒会给人一种错觉，那就是你很好欺负。做一个善解人意的女人是让你理解他，不是让你去纵容他。如果他的确有让你难以接受的地方，不要因为担心他会讨厌你，而就这样让自己受委屈。你应该衡量一下做出这样的牺牲到底值不值，如果是他一时的错误，那你可以让自己接受。假如他就是那种不求上进的人，你这样委屈自己，也不见得就会换来他的体贴。所以一定要和他进行沟通，不要让他以为你善解人意，就可以接受他这种为所欲为的行为。不接受他的某些做法并不表示你是小气之人，相反这正表示出你愿意和他长相厮守，愿意共度一生。

善解人意是你今生的财富，善解人意的人必定是好相处的，你的朋友愿与你分享她的心事，你的闺蜜愿与你分享她的快乐。大家眼中的你是值得让人信赖和依靠的，你也会因此结交好多知心朋友。你的人生也会因此变得更加丰富多彩，你会看到别人看不到的风景，你会有开阔的视野，你会有比别人更多的阅历。人生的旅途上，你并不孤单，因为那么多的好朋友会一路陪伴着你。

善解人意的女人似水，温柔却具有穿石的力量。每一个成功男士的背后都有一个女人，这个女人必定是善解人意的，通情达理的。他成功的背后，肯定也会有她的功劳。如果将男人比作茶叶，那女人就是冲泡茶叶的沸水，茶再好，只有水才能将它的味道泡出来，使人闻到那沁人心脾的香味。但愿天下所有的女人都是善解人意的人！

百变让女人保持美好的情趣

百变是让女人时时保持一种新鲜感，不要老是一副样子。穿同一套衣服，几年都不舍得买件新衣服，头发一直就是那个样子，几年不换一个发型，别说你的爱人看见你会烦，就连自己有时候都懒得照镜子。这个时候你也许会发现爱人对自己不如原来那样热情了，你就会开始起疑心，老公不爱自己了吗？还是在外边有了别的女人？

你这个时候应该开始反省自己了，你的爱人每天过着上班下班回家这种千篇一律的生活，回家再看一个看了千遍万遍的你，一点儿都没有新鲜感，你说他会不会烦你？所以女人一定要学会百变，让他看你千遍不烦，让他读你万遍不厌。

有这样一个笑话。有一天老婆对老公说："以前恋爱的时候你说我是一本书，为什么现在你连书都不翻了呢？"老公连头都不抬地说："你这本书，我不知看了多少遍了，几乎都背下来了，还看什么看？还不如看报纸有趣。"

不要以为结了婚，就万事大吉了。恋爱的时候为了见他换一件最好的衣服，经常打扮得漂亮一些，结婚以后，你的生活被琐事占据了，家务你要做，孩子你要送，电话费、水电费你要交……所有的事让你忙得不可开交，哪里还有时间去打扮自己？日复一日，年复一年，你对婚姻的激情就这样被耗费殆尽。

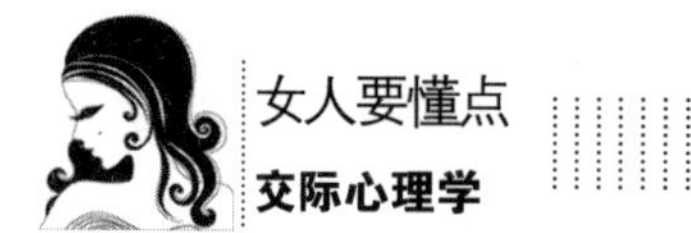

为了不让自己的家庭气氛冷淡，为了让你的爱人对你激情不减，赶紧行动起来，做一个百变的女人。百变的女人是有情趣的女人，不仅要从外表上给男人新鲜的感觉，更要学会让自己变得更有内涵。将家里装扮得更有格调，让男人回到家有一种新鲜感，为他沏一杯热茶，说一些温柔的话语，不要总是重复以前的话，让生活变得有创意一些。买几件适合自己的衣服，穿给自己的爱人看，换一个发型，他会看到你的转变。

学会百变，你的生活就不是一潭死水，你的生活就会有一些波澜，生活不再是乏味的，而是充满了新鲜的空气，这样你们的婚姻才不会变得平淡。

百年修得同船渡，千年修得共枕眠，所以我们更应该珍惜两个人的缘分。百变的女人是懂得享受生活的人，不要因为孩子还没长大，你就省吃俭用。孩子的事情是很重要，但是你也不应该就此忽视了自己。聪明的你应该赶紧学会变，为自己变，为家庭变，为自己的婚姻变。

百变的女人对生活充满期待，她们不会空等机会，而是自己勇敢地追赶机会，制造机会，不管你是否已经结婚，变永远不晚。百变的女人，更加年轻，更有活力。她们会更加热爱自己的生活，自己的家庭。

女人百变不仅表现在外表上，更应该注重内在气质的变化。你时而柔情似水，时而端庄秀丽，时而温柔可人，时而安静甜美，充满了神秘感的你，会激起爱人无限的探求欲望。人都是“喜新厌旧”的，在原有的东西上面加一些新的无素，就会对它重新认识，人也一样。换一种性格，他就会用新的眼光重新认识你。女人需要男人的呵护，如果你的爱人对你不理不睬，你就会产生强烈的挫败感和失落感，与其去求爱人不要离开你，不如让他自愿守着你。这是一种智慧，不要流于表面的百变，你要变的是一种生活的态度，所以一定要从根本上变。

女人不要把事情都拖到明天去做，明天还有明天的事情。此刻，就是你人生转变的时刻，该放手的东西不要攥着，你要对自己负责，你的人生说到底还是你自己做主，人生短短几十载，不要让自己活得太累，免得临终的时候后悔自己太对不起自己了。

独立的女人拥有别样的精彩

现代社会很流行做全职太太，顾名思义，就是天天在家里过着相夫教子的生活，没有工作。可能一开始你觉得这样的日子不错，但时间一久，你就会发现好多问题。没有工作，你只能依靠丈夫给你的钱度日。每天老公上班、孩子上学以后一个人在家过着无所事事的日子，时间一久，女人就会觉得特别无聊、寂寞和空虚。

有些女人为了讨男人的欢心，处处委屈自己，这样做不仅不会讨得男人的欢心，而且还会让他看轻你。虽然男人都有大男子主义，希望自己的女人认为他是靠山，但是这只是表示在处理事情上，并不表示在经济上也希望女人全部都依赖他，这样会给他很大的压力，男人更希望女人在经济上也可以帮他分担一点。所以女人应该学会做一个独立的人，不仅是在经济上，更多的应该是在思想上。女人应该舍弃那种依靠男人生活的观点，女人靠自己也一样可以活得很精彩。

在旧社会，女人是没有地位的，所以她们不得不依赖男人生活，她们没有表示反对的权利，只能逆来顺受。在今天的社会，男女是平等的，女人一样可以从事男人所从事的工作，女人一样可以在商界、政界有所作为，这不仅是女人地位提高的表现，同时也是女人能力的表现。不要认为男人就应该比女人强，英国前首相撒切尔夫人就曾做出了让男人都羡慕的成就。

女人难能可贵的是有一颗独立的心，她不会随随便便就把自己交给某个人。婚姻不是一件冒险的事情，这也不是一件小事情，你把自己的后半生全部托付给了这个人，把赌注全压在这上面的认知是不明智的。所以作为一个独立的女人，就会不断追求事业和梦想这些变数不会很大的东西，它们

会不断提高你的能力，锻炼你的才干，增加你的知识，让你的品位不断提高，同时你的人格魅力也会大放异彩。一个独立的女人，是一个有主见的人，她对事情有自己的见解，不会为了附和某些人而放弃自己的见解。

做一个独立的女人，不仅需要智慧、勇气，同时还要会自我调节，能够耐得住寂寞。自己一个人的时候，应该会自娱自乐，自己的生活还得靠自己去调节，你可以让自己充电，可以让自己尽情地休息，放松自己的精神，准备明天的战斗。

恋爱中的女人也应该学会独立，不要以为爱情就是生命中的一切。恋爱是美好的，在踏入婚姻的围城之后，再脱俗的恋爱也经不起油盐酱醋的烹调。所以不要让恋爱的光环遮住了你明亮的双眼，不要为恋爱放弃了独立，在恋爱结束的时候，独立是找不回来的。

做一个有独立意识的女人，就不会放弃自己心中追求的东西。时光匆匆流逝，你的容颜会渐渐逝去，但是你独立的性格却不会因为时间的荏苒而散尽光华。男人欣赏有独立意识的女人，不仅因为她们做事稳重，工作干练，性格坚韧，还因为独立的女人不会无故地纠缠，不会让男人整天处于东躲西藏的状态。

一般来说，处于一定职位的女人，都是性格独立的女人。她们有丰富的阅历，有较高的学历，有广阔的视野，遇到事情不会慌乱得手足无措，做事果断，不拖泥带水，所以她们能够一步步地做到现在的职位。

现代社会竞争十分激烈，女人要想在社会中找到一片属于自己的天地，更是难上加难。这不仅需要有强大的勇气，更需要有一颗百折不挠的心和越挫越勇的战斗力。女人不管年轻也罢，漂亮也好，你都应该明白，青春的资本只有这短短的几年，你不可能靠吃青春饭活一辈子，不要把希望全部寄托在你未来的老公身上。凡事预则立，不预则废。趁现在还不算晚，赶紧独立起来，消除自己做一条寄生虫的念头。

第2张牌

时刻展现完美的女性形象

在今天的社会，十分讲究形象，企业形象、领导形象、干部形象。在与人的交往中，形象也起着非常重要的作用，形象不仅与你的生活息息相关，同时也是你事业成功的重要砝码。当你的形象与公司的、国家的形象直接联系时，你的形象价值百万，或许不只百万。有气质的女人一定是形象美的女人，但形象美却并不代表有气质，聪明的女人应该学会将自己修炼成一位气质美女。

注重形象的女人吸引眼球

女人的形象不仅是一个面子工程，更多的是一个长久的工程，这就不仅需要你注意外在形象的保养，更需要你为自己的内在形象添砖加瓦，只有做好这样一项内外兼顾的工程，你的形象才不会华而不实，你也不会被人称为是一个花瓶。

心理学家指出，与人交往的初期，对方给你的评价只取决于最初的几分钟，甚至只是最初的前三十秒。在此期间，你不可能向别人展示你的才能、学历等。

美国著名人际关系专家阿尔伯特·罗宾对人们的直接交往进行研究后指出：一个人留给他人的第一印象受几个方面的影响，其中说话内容占7%，说话方式（包括语速、语调等）占38%，非语言（包括表情、身姿、服饰、相貌等）占55%。由此我们可以看出形象的重要性。

在与人交往的过程中，人们首先会根据你的形象对你作一个评价。外在形象是内在形象的表现，内在形象是外在形象的基础。内在形象包括学识、文化素养、思想品德、内涵等。古代的女性就非常注意自己的形象，经常是很早就起床梳妆打扮，有才华的女人谈吐不凡，获得无数异性的青睐。在今天这个美女如云的时代，现代的女性更应该注意自己的形象。

女人不分年龄，都应该注意自己的形象。一位教大学生语言学的老师，同时兼教大学生的形象课程。她以自己为模板，经常将自己的形象打造得时尚又精神，每次上她课的人都满满一屋，经常是过道里都站满了人。她很注意自己的形象，虽然她已经快到退休的年龄，可是她却一点儿都不显老，

每次上课激情慷慨，活力无限。上完她的课，学生们都会感觉自己特别有活力。有时候系里有重要的客人来访，一般都是让她去接待。就是这样一位老太太，她教的学生有模特，有主持人……这些被她教过的学生，继续将她的形象理论传播给更多的人。她已经成为了学校的一个品牌。

女人的成功与自己的形象有着很大的关联。女人对自己的形象有信心，就会对自己更有信心，也就会更有激情地投入工作，同时心态良好的你也会受到更多人的关注与欢迎，同事之间的关系就会更加融洽，你也更容易开展工作。注意自己形象的女人也会获得更多异性的青睐。

一个注意自己形象的女人，会有很高的品位，会有很高雅的人生趣味。女人与男人相比，心灵比较脆弱，所以如果自己的形象被毁了，女人受到的打击、伤害比男人要重得多、深得多。不是所有的女人都可以将过去的一页彻底地翻过去，形象被毁，这不仅关系到你的声誉，同时你的家庭、你的亲人可能都要被连累，这不是一个说说就能过去的问题。

女人一旦出名，就不会再有隐私，你的生活一下子就成为众人眼中的焦点，人们会用放大镜去关注你的生活，你的一点瑕疵都会变得无比醒目。所以要想让自己人见人爱，就应该尽量保持自己的形象，时时注意维护自己的形象。

修养是女人人见人爱的源泉

一个女人可以不漂亮，可以不美丽，但是一定不能没有修养。

修养是一种潜在的品质，是一种美德，对女人来说，良好的修养是提升魅力的重要法宝之一。生活需要女人有修养，家庭需要女人有修养。

男人通常会尊敬那些具有良好修养的女人,并且经常试图和她们接近。如果条件允许,能把这样的女人娶回家,共度一生,这就是他们的人生梦想之一。修养,是道德美的具体表现,随着女人年龄的增长,它会日益显出温润如玉的一面。

经常听到这样一句话:“不美丽是女人绝对不可以容忍的事情,但女人没修养绝对是男人不可以容忍的事情。”生活中,许多女人看上去十分美丽,但她们行为粗鲁,往往惹得男人望而却步,或者心生厌恶;相反,那些相貌平常,但言谈和举止优雅、富有修养的女人经常能赢得男人的心。

吴汉出生在一个经商世家,是一个含着金汤匙出生的公子哥。他在英国剑桥大学取得工商管理硕士学位后回国帮助父亲打理公司,毫无疑问,吴汉成为公司所有未婚女性心目中的白马王子。吴汉到公司上任不到一个月,收到的情书就可以用麻袋来装了。吴汉沉着稳重,并未和任何女人传出绯闻。但是半年后一个惊人的消息传来——吴汉和公司策划部部长唐羽茗谈恋爱了!

唐羽茗生得并不算美丽,家里的背景也普通。这样的一个女人怎么会吸引到吴汉这样的公子哥呢?不甘心失败的女人纷纷在背后恶意中伤唐羽茗,说唐羽茗曾借吴汉醉酒故意勾引他,吴汉是被迫答应恋爱的。唐羽茗面对这些谣言泰然自若,倒是吴汉听不下去了,出来为恋人辩解,说是自己主动追求唐羽茗的,还说出了自己选择她的原因——她的修养。

“我观察小茗很久了,”吴汉笑着说,“她无论是开会、赴约,还是做客,从不迟到。聊天的时候,她从不打断别人的谈话。她一定会听完对方的发言,然后再去反驳或者补充。她尊重别人的观点,即使她不同意,也从不说出‘瞎说’‘废话’‘胡说八道’这些词,而只是陈述理由,说明不同意的道理,和她聊天实在很舒服。还有在公共场所她总是举止得体,而且相当地有爱心和孝心。我觉得和她在一起是一种享受,我追她可是追得很辛苦呢!”听完吴汉的话,公司的员工们都沉思良久。

唐羽茗以她良好的修养,轻而易举地击败各路美女,虏获了爱人的心,可见良好的修养对于女人来说是多么重要。

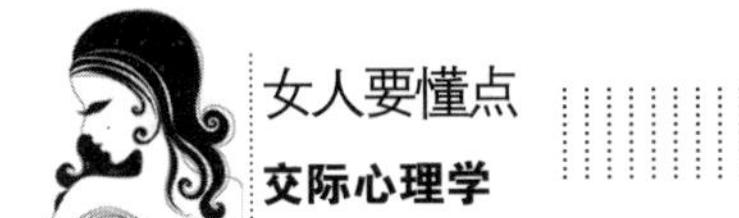

《中国美容时尚报》社长兼总编辑张晓梅说，“女性修养、女性魅力是需要用心体味和感悟的，它是女人修炼的结果。通过不断地修炼，每个女人都可以今天比昨天、明天比今天更有魅力。更重要的是，是否知晓魅力的重要性，是否愿意不断学习提升魅力的方法，是否能够把提升魅力作为生活的一个重要内容并为此做出长期不懈的努力。”而培养无所不在的修养习惯，正是女人们提升魅力的一大法宝。

珍溪的老公吵着要和她离婚，珍溪大为吃惊，死活不同意。珍溪同老公结婚快15年了，女人最美好的年华都是陪着他度过的，老公怎么这样没良心说离就离呢？珍溪采用了一般女人常用的“一哭、二闹、三上吊”的死缠烂打方式，希望挽留自己的婚姻。她认为自己含辛茹苦地扶持他，打理这个家，陪伴他度过十几年，不管有钱没钱都跟着他打拼，并没有做对不起他的事，凭什么要离婚？她的老公也不是人们想象中的大款，养了二奶、小蜜，其实他只不过是个普通的出租车司机，目前还在起早贪黑地挣钱养家。

但是丈夫要离婚的决心似乎很大，并起诉到法院。法官问他：“你为什么要和太太离婚?”丈夫说：“她不顾我的面子，经常在大街上像‘泼妇骂街’似的骂我，我为此羞愧不已。我曾经跟她提过好多次有什么问题可以回到家里再解决，但是她就是不改！我已经忍了太久，不想再忍，就像一只气球被不断吹大，大到一定程度，到了它的极限时就会爆炸。我就是快要爆炸的气球。”

一个没有良好修养的女人总是让她们的男人难为情，即使她们“下得了厨房”，她们的男人也不愿意让她们“上厅堂”。因为男人们时常会担心自己的女人会不会做出让自己丢脸的事，使自己成为别人的笑柄。

有修养的女人静若幽兰，芬芳四溢；有修养的女人像潺潺溪水，浸润周围的人；有修养的女人不会随着岁月流逝而渐失光彩，反而会越发耀眼迷人。时间可以扫去女人的红颜，但它却扫不去女人经过岁月的积淀而焕发出来的美丽。这份美丽正是女人修养的表现。

拥有良好修养习惯的女人，是一道永远亮丽的风景线，她们是芬芳四溢的花，香如幽兰，静如处子。

良好的修养是一种人生体验到极致的感悟，是人生感悟极致的平静，那是一种更为简单纯净的心态。女人们，如果你还没有养成良好的修养习惯，请加快你们的步伐，好好为之加油吧！

内外兼修打造美好形象

我们生活在一个与人交往的时代，人不可能单独生活一辈子。女人在与人交往的过程中，外在形象是给别人的第一印象，所以为了在和别人交往的过程中留下一个好的印象，女人一定要注意自己的外在形象。这不仅仅是外貌上的修饰，还有礼仪素养的成分在内。女人为了有一个好的外在形象，一定要学会内外兼修。

所谓的内外兼修就是不仅要注意自己的相貌打扮，另外还要注意自己的体态礼仪，这不仅是你文化知识的体现，更是你有素养、有内涵的证明。

出门时一定要适当地化妆，这不仅是对自己的尊重，更是对别人的尊重。说明你是重视这次会面的，一定要根据场合化适当的妆。比如在你去见客户的时候，不宜化浓妆，因为这是一个庄重的场合，淡妆才适合这样的场合，你化太浓的妆，客户会很反感，对你的好印象也会大打折扣，这样你的工作也不好开展。

一定要穿适合的衣服，人靠衣裳马靠鞍，女人更应该凭借衣服为自己加分。女人如花，有了衣服的搭配，女人这朵花才会更鲜艳，更美丽。在适当的场合穿合适的衣服，掌握一定的规则。比如要去参加晚宴，一般穿晚礼服，这样既能显示出你的高雅，还能显示出你的尊贵。

见到人一定要微笑，微笑是人际交往的通行证。你微笑，别人就会觉得

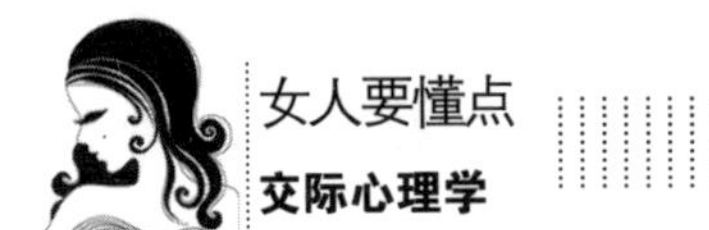

你是好相处的，无形之中就给你打了很高的分数，对你的印象也就好了。所以不要因为陌生就收起自己的微笑，以一副冷面孔示人。

注意自己的体态语言，一站一坐中尽显你的优雅。在和别人交谈的时候，一定要注意自己的坐姿。坐的时候最好是坐椅子的二分之一处，太往前就会显得你比较局促紧张，沟通就不容易展开，太往后就会给人以你很散漫、不太尊重人的感觉。坐在二分之一处，就是比较适合的地方。坐时两腿不要分得太开，尤其是穿裙子的情况下，更要注意。正确的坐姿应该是双腿可以稍微往前伸，曲成一定的角度，不要把腿全部伸开，脚踝可以相叠，腿不要并得太紧，这样会给人你很紧张的感觉。在站的时候，腿不要分得太开，身形应当挺直，两肩相平，双臂自然下垂于身体两侧，双腿直立，脚跟相靠，两脚尖张开约60度，另外也可以选择丁字步的站姿，这种站姿既可以巧妙掩饰O形腿，又可以使腿和脚看起来更加纤细，看上去更加自然。

走路的时候一定要让自己走得优雅，不要冒冒失失慌慌张张地走路，这样会给人你做事不稳重的感觉。女人走路，不应像男人那样风风火火，女人应该走出女性的美，正确的走路姿势是在一条直线上匀速前行。现在的女人在社交场合都穿高跟鞋，高跟鞋不比平底鞋，脚落地的时候，要脚尖先着地，不然脚跟先着地的话就会让人觉得很别扭。在走路的时候，要挺直脊背，挺胸收腹，不仅会让你显得身材好，还会让你显得更有活力。手臂的摆动幅度不要太大。

在交谈的时候要注意不要与他人靠得太近，尤其是在和外国人交谈的时候，如果靠得太近，他们就会觉得你侵占了他们的私人空间，我们中国人还不是太在意这些，但是距离太近的确让人有一些压迫感，与人交谈的最佳距离是一米开外。不要在交谈之前吃一些有刺激性气味的食物，这是对人的礼貌，你可以随时准备一些口香糖或者口腔清新剂之类的东西。开玩笑要适度，不要肆无忌惮地开一些玩笑。虽然开玩笑可以显示你开朗的性格，但是如果玩笑太过，就会适得其反，所以玩笑点到为止即可。眼睛不要总是盯着对方的眼睛看，这样会让人感觉不自然，眼睛落点的正确位置应该是鼻子和嘴巴，这样既能表示出你对谈话的关注，同时还不会使对方感到不

自然。

注意自己的肢体语言，避免一些不恰当的动作传递出错误的信息。比如不自然地摆弄头发，时不时地换个姿势，不时地看一下手表，这些都是不耐烦的动作表现，一定要避免做出这些动作，否则很容易让别人误解你的意思，尤其是第一次见面的时候。

在人际交往中，女人应该注重自己的外在形象，大方得体的装束，不卑不亢的语言，微笑的面容，再加上合适的肢体语言，相信你一定会给别人留下一个很好的印象。

好形象是女人成功的开始

女人一般都会比较注重自己的外在形象，因为形象美不仅关乎一个女人的外表，更是女人成功必不可少的因素。形象是女人成功的资本，形象不仅是你工作事业成功的保障，也是你生活幸福的基础。形象包括的范围比较广，内容也比较宽泛，以与人初次见面来说，这不仅包括你的穿衣、打扮，还包括你的语言谈吐。

小文大学刚毕业，初次踏入社会，她想找一份适合自己的工作，于是她开始不断地向一些中意的公司投简历，终于一家公司向小文发了面试通知。小文是一个比较随便的女孩子，自己在学校的时候从未注意过穿衣打扮，于是在面试的那天，她穿着很随便的休闲装就去了。面试的主考官见如此不在意穿着的小文进来，先是一愣，因为他没想到小文会这样打扮，结果小文的形象分一下子就大打折扣。面试结束后，小文自我感觉还不错，但是她始终没等到复试的电话，小文不明白为什么。于是，小文就向那家公司打了个

咨询电话，公司人员告诉小文，面试官觉得小文的气质不适合做这份工作。这时小文才明白自己输在了形象上。

形象彰显了女人的品位和素养。一个时时注意自己形象的女人要比一个不怎么注意自己形象的女人，能获得更多的就业机会，同时成功的概率也会更大。因为好的形象会让人们在无意识的情况下为你多加形象分。

张宁在一家外贸公司工作，她的主要工作是负责接待外国客户，让他们对公司有个大致的了解。张宁的形象，说小了是公司的形象、自己的门户，说大了是体现了国家的形象，所以张宁特别注意自己的形象。因为张宁经常接待外国客户，所以每次接待前，她都会做足功课，以防一些礼仪上的错误。有一回，她接待的是来自印度的几个客户，由于印度有一些和别的国家不一样的习俗，张宁苦苦学习了两天。当她用印度的礼仪接待他们的时候，他们感到非常吃惊，对于张宁的接待非常满意，后来他们成了公司的大客户。张宁的成功与她注意自己的形象不无关系。

身为明星的女人更要注重自己的形象，因为形象一旦被毁，再塑形象就很困难。所以就算女明星想要重新开始，也难达到以往事业的巅峰。因为她们的名字太过响亮，造成的影响范围广，所以出名的女人要更加注意自己的形象。

当女明星们光彩亮丽地出现在我们的视野中时，我们会不自觉地对她们进行一番比较，在她们的言谈举止间衡量她们的素养，有时候她们一句不得体的话，就会让我们对她们的好印象顷刻崩塌。不仅是女明星，就是在我们的日常生活中，女人也应该注意自己的形象，因为好形象的塑造不容易，毁坏形象却是轻而易举的事。总之，一个不适当的表情，一个让人反感的行为，都可能在顷刻之间将你慢慢积累起来的好形象化为乌有。

女人天生要比男人心细，更应该注意自己的形象，不要以为不修边幅是表示你的大气，在别人的眼中，可能就是你邋遢的表现。礼仪得体，语言适度，这些都是你有文化涵养的体现，千里之堤尚且可以毁于蚁穴，你的形象可能就毁于一句话中，毁于一个不适当的表情中。所以每个女人都应该注意自己的外在形象，在家里注意自己贤妻良母的形象，在工作中注意自己的职业形象,在社交场合注意自己的公众形象……随时随地你都应该注意自己的形象。

女人的形象不是用钱可以买得到的,注意打造自己良好的形象,你离成功就会越来越近,不管是事业还是家庭,都同样适用。

懂礼仪的女人最富外在修养

中国自古就是礼仪之邦,你懂得各种礼仪,就会在不同的场合使用得体的礼仪,这不仅是你有风度、有涵养的表现,同时这也在向人们传达着一个信息,你是一个有修养的人。一个女人既有礼仪又有修养,往往会让人觉得她具有高贵的气质。女人应该学会用礼仪和修养来展现自己的高贵。

礼仪的影响范围实在太广,小到你吃饭说话,大到国际之间的交往,礼仪起着非同小可的作用。可是如果礼仪不对,就会出现一些尴尬的情况。有个小例子,美国总统奥巴马在会见日本天皇时,曾出现了一段小插曲。奥巴马下车的时候天皇和皇后等在车的外面,奥巴马一下车就行了一个日本式的 90 度的鞠躬礼:“能够见到天皇,真的很荣幸。”天皇伸出手,做了一个国际性的握手动作。奥巴马的礼仪没有错,天皇的礼仪也没有错,究竟为什么会这样,就是因为在特定的场合双方遵循的礼仪不同的缘故。入乡随俗没有错,关键是还要能够随机应变,触类旁通。

讲究礼仪,你的举止就会变得更加文明;讲究礼仪,你就能够变得有修养;讲究礼仪,你就会变得更加亲切。礼仪不仅贯穿在我们的日常生活中,而且在职场中也有很多我们不可不知的礼仪。在职场中,我们不仅要和老板打交道,和同事打交道,还要和各种各样的客户打交道,所以有一些礼节

是我们不得不关注的，比如，尊敬自己的老板，服从老板的安排，和老板进行直接的沟通，给老板留面子等。这些礼仪都是职场上约定俗成的，是为了和别人进行更好的沟通，人们总结出来的，所以女人在职场中不用再细心地研究这些礼仪的可适用性，只要学会并遵守就好了。这些礼仪会让你在工作中获益匪浅。

女人在家庭中也要注意礼仪，家庭是你避风的港湾，但也不是没有礼仪可言的。比如与父母聊天，关心父母的生活，不打探父母的隐私，在家照顾父母。夫妻之间，互相体谅，互相关心，爱护自己的家，保持家的整洁，在家里也不要太邋遢。关心照顾自己的孩子，关注孩子的成长，不打骂孩子，不要拿孩子当你的出气筒。这些都是生活中的礼仪。

另外在一些公共场合，也要注意一些礼仪。在公共场合不大声喧哗，不随便乱扔废弃物，不讲粗话，不爆粗口。女人心细，谨慎，所以更应该注意这些容易忽视的细节。有时候在公交车上，有些人经常肆无忌惮地打电话，声音之大几乎全车的人都听得到他的话，几乎没有人喜欢与这样的人交谈，经常听见旁边的一些人在抱怨："真没素质啊！"现在电脑的应用已经步入千家万户，网上的信息良莠不齐，一些女孩子不知道是是非不分，还是有意为之，她们会在网上散播一些淫秽的内容，我们暂且不去管这种行为造成的不良影响有多大，但这些女孩子的礼仪知识到底有多少，我们可就有些怀疑了。

传播一些好的礼仪，弘扬社会美德，这是我们每个人应有的责任。女人如果连基本的礼仪都不懂，那我们就不得不担心她的文化素养了。一个有礼仪的女人是有气质的女人，她有仁爱宽厚的心，有善良的品德，有较高的文化修养，她心胸宽阔，她会在一定的场合遵守适当的礼仪。一个有礼仪的女人可能不是很富有，但是她的礼仪修养却让她显得尊贵。一个有礼仪的女人必是一个优雅的女人。

所以现今我们一直在强调礼仪的作用与重要性。一些礼仪正在渐渐地淡出我们的生活，现在的科技如此发达，人们的知识学识也是越来越高，作为新时代的女性，在知识信息如此发达的情况下，如何在事业上让自己技高一筹就是一个战术上的问题了。在这个时候，礼仪就会变得尤为重要，细节决定成败，它在彰显你的修养的同时，也让你变得更加优雅尊贵。

迷人的气质令他人神往

气质不全是与生俱来的，它不仅有先天的因素，还有一些后天培养的成分在内。一个人气质美，不一定就是她的相貌美，很多时候是她展现的那种性格美，比如宽厚、仁义、谦虚谨慎、温文尔雅、认真执着、开朗大方等。气质是一个人修养的外在表现，修养不仅是学识的表现，很多时候与你的性格也有直接关系。在平常的时候，一定要注意培养自己的性格，女人应该戒骄戒躁，不要总是发脾气，遇到问题的时候，不要大惊小怪，没什么大不了的，凡事多忍让一些，但忍让不是迁就，忍让也是有限度的，不是要你凡事都忍让，要有自己的原则。

有气质的女人一般都有比较高级的趣味，比如爱读一些积极向上的书，爱听一些高雅的音乐，这样不仅可以修身养性，还可以陶冶情操。一个人的气质不是仅靠口头说说而已，气质美是外在美和内在美的有机统一。有些女人并不是特别的漂亮，可是她得体的打扮，养眼的装束，优雅的举止，让我们不得不承认她很漂亮。真正有气质的人，她所展现的不仅是她的外在美，更是她的内在美。内在美是一个女人的文化修养、性格特征、内在涵养等的综合表现。一个有气质的女人就是把这些因素集中而又和谐地表现出来。

气质美是内在美不自觉地表露，它不是靠漂亮的服饰就能表现出来的。如果一个女人没有学识，可却硬是想让自己表现出颇有才华、有气质的样子，那我们就会说那是肤浅的。如何做一个气质美女呢？做一个气质美女首先要正视自己的容貌。一个人的长相不是自己能决定的，我们改变不了

容貌,但是我们可以改变自己对容貌的态度。

对别人要充满信任,不要总是用怀疑的眼光看别人,别人未必就比你做得差。要保持幽默感,一个有幽默感的女人始终是大家愿意接触的人,这样不仅对你的生活有帮助,同时也是你和同事建立友好关系的法宝。

仪态要端庄,对自己充满信心,这是一个成熟的女人必须要尽量做到的。仪态端庄,这样你给别人的第一印象就是你是一个稳重的、值得信赖的人。只要对自己充满信心,就会有勇气面对一切,就会乐观向上地生活。

不要斤斤计较,要大方一点。有气质的人是不会对一些小利益斤斤计较的,她们会将眼光放在更长远的目标上,不会因为眼前的这点小利益弄得伤了和气。同事之间的相处最重要的就是互相谦让,抬头不见低头见,没必要将关系弄得那么僵。

不要自视清高,不要卖弄聪明。女人经常会犯的一个毛病就是觉得自己有点成绩了,然后就开始自命清高起来,这是人类惯有的一个通病,不等别人发现就开始卖弄起自己的聪明,有气质的人是不会将眼前的这点成绩看得那么重要,她们明白自己离目标还很远。有修养的人是成熟稳重的人,不是有点成绩就自命不凡的人,卖弄聪明的人永远不会有大作为。

有困难的时候,要主动向人求助。向别人求助不是一件丢人的事情,有困难要敢于向别人求助,这样不仅可以尽快解决困难,而且还可以提高你的工作效率。孔子尚且还经常向别人求教呢,为什么我们就不能呢?这不是一件有失身份的事情,也不是一件没面子的事情,所以没有必要“死要面子活受罪”。

气质不是一朝一夕就可以培养的,所以一定要有毅力,平时多读一些名著,多听一些好的音乐,多看一些积极向上的杂志,在这些美好的事物中不断陶冶自己的身心。“近朱者赤,近墨者黑”,这是先辈们给我们留下的至理名言。远离一些具有低级趣味的人,不断接触一些气质优雅、修养好的人,在她们身上你会发现自己的不足和缺点,这时候因为有了榜样的示范作用,所以你也会比以前更积极。

一个修养好的女人,不会止步不前,在她们的身上,我们会看见许多珍贵的品质，会享受生活、品位高雅、做事认真执著、态度和蔼谦恭。修养彰显着人的气质，气质因为有修养做奠基，不再是华而不实的，修养是内在的，气质是外露的，它们相辅相成，共同将女人的美展现得淋漓尽致。

色彩为女人的形象加分

女性都非常注重自己的外在美，以前的女性为悦己者容，现在的女性不仅是为取悦异性而容，更多的是为了提升自己的美。外在美是内在美的外部表现，内在美是外在美的基础，虽然内在美对一个人起着重要的作用，但是仅有内在美是不够的，如果你的外表很邋遢，不管你的素养有多高，还是不会有人欣赏你的。

尽管我们一直在说不要以貌取人，但是在初次见面的时候，人们还是只能以貌来认识你，通过你的外貌、衣着、气质来判断你的品位、职业、性格等。这是一件很无奈的事情，但也是没办法的事情。女人需要关注的是如何增加自己的外在美。化妆是增加外在美的捷径，而适合自己的色彩又会让你锦上添花，所以女人要搭配适合自己的色彩，否则，色彩不对也会让你变得暗淡，毫无亮点。

如何选择适合自己的色彩？首先，一定要根据自己的年龄选择适合自己年龄阶段的化妆品。比如二十几岁的女孩子不适合浓妆艳抹，因为这个阶段的女孩子是人生最美的时候，所以应该选择亮一些的粉底、睫毛膏、唇彩等，粉底不用涂得太多，仅在瑕疵处涂一些就好，在脸颊上可以涂上一些亮色的粉底，这样可以显得容光焕发。另外，选择一些保湿的面膜和面霜，这样可以防止皱纹的增长。三十几岁的女人是最有女人味的时候，所以这

个时候的妆化得好的话，不仅可以掩饰年龄，而且还可以让你展现出浓浓的女人味。这个时候的女人容易选择浓艳的妆，想让自己看起来年轻些，这时候一定要小心，稍不小心，就会让自己陷入庸俗。打粉底的时候，眼部的周围涂上一些遮瑕霜，然后在脸的其他部位涂上粉底，眼影应选择一些淡的颜色，比如白色或是淡绿色等，面颊应选择一些颜色稍深的面霜或腮红，唇膏可以选择紫色，这样可以让你获得意想不到的神秘高贵之美。四十几岁的女人肤色变得更加暗淡，已经没有多少光彩，皮肤由于水分的流失变得松弛没有弹性，这时候一定要注意保持面部的水分，在眼和鼻子的周围涂上遮瑕霜，其他部位涂上一些颜色深些的粉底，眉毛尽量不要化得太浓，浓重的眉毛不仅显得严肃，而且缺少了亲和力，平时更应该注意给肌肤补水，有条件的话可以去美容院做一些肌肤护理，当然，更重要的还是自己平时对肌肤的护理，尽量不要熬夜，少喝咖啡，这样可以减少黑色素沉着。

其次，流行的颜色和适合的颜色是两个概念，流行的颜色未必适合每个人，找到适合自己的颜色，加入一些流行的元素，你也可以变得时尚。比如皮肤较黑的女人就不适合穿一些深颜色的衣服，深色衣服会让皮肤显得更加灰暗，人的气色被衬托得更加不好，可以选择穿一些暖色调的衣服，这样不仅可以让你显得活泼，而且还让你的肤色显得更加亮丽。所以不要因为流行什么颜色，就将这种颜色用在自己的身上，一定要尽量选择适合自己的颜色。

再次，衣服搭配的颜色不要超过三种，否则你浑身上下就没有一个突出的亮点。服饰的颜色最多三种，否则不仅显不出特色，反让人觉得庸俗。有些女人喜欢穿黑色的裤子、黑色的鞋子，认为黑色显得瘦，其实显瘦只是一个方面，黑色的衣服也会让你显得沉重。不要以为黑色的衣服就是百搭的颜色，如果你上身穿暖色调的粉红、淡绿等颜色的衣服，黑色裤装不仅不会为你加分，反而会让你的美大打折扣。如果想让自己变得更加苗条，其实可以选择基本是同色的衣服，这样会让你变得更加轻盈、合体。

如果对自己适合什么样的粉底、发型、头发的颜色，以及腮红、眼影等没有一个清醒的认识的话，可以让专业的美容专家为你提供一些建议。女人要学会使用色彩，让色彩为你的美加分，不要做一个没有色彩、没有亮点的女人。世界上没有不漂亮的女人，只有懒女人，经过自己精心的打扮，穿着合适的装束，你定会展现出一定的美丽，让色彩为你的形象加分。

内涵是美好形象的源泉

女人具有魅力的关键不是有一个美丽的外表，而是要有内在的修养、内涵的美。外表的美只是一时的，而内涵的美却永远不会随着时间的流逝而消失，不仅如此，内涵会随着时间的积淀，不断地散发出越来越浓烈的香气。依靠化妆，女人得到的是短暂的美丽和男人一时的目光。而有内涵的女人，得到的是一生的美丽，这种魅力会让男人一世迷恋。

一个只在乎容貌美的女人，是个肤浅的女人，因为她不懂得，身为一个女人容貌只是她美丽的一小部分。一个有内涵的女人才是一个真正美丽的女人，可能她没有令人眼睛一亮的容貌，但是她合适的装扮、得体的语言、微微一笑的神情，都会让人百看不厌。有内涵的女人，她的美不是局限在表面的，她的美是由内向外慢慢散发的。这样的女人是所有女人眼中羡慕的焦点，她们温文尔雅，仪态翩翩，似一幅流动的画，在一瞬之间将所有人的眼光吸引过来，但这并不是她们的本意，她们不会引以为傲，她们只是无意之中用她们的内涵之美征服了所有的人。

奥黛丽·赫本，一个响彻影坛的大明星，她不仅具有沉鱼落雁般的美貌，而且她那优雅的举止、高贵的气质，无不彰显着她丰富的内涵。赫本在晚年的时候，虽然岁月的痕迹已经将她年轻漂亮的容貌掩盖，但是美人迟暮这个词却依然不能用在她的身上，因为她由内散发的内涵和气质依然是那

样迷人。赫本的美不仅因为她具有精致的五官，更是因为她心灵美。晚年的赫本虽然饱受癌症的折磨，但是她依然将一腔的爱献给了非洲的孩子们。晚年的赫本在出席各种活动时，她高雅的举止、灿烂的笑容以及优雅的气质，在一举一动、一颦一笑间都在向人们展示着她的内涵美。她依然是所有人眼中的美女，依然是人们聚焦的公众人物。

内涵美是女人一生中最宝贵财富，它不会随着时间的流逝而淡去，也不会随着主人的离去而被人遗忘。就像赫本，虽然她已经离开人世，但是当提及赫本人们依然会记得这个气质高雅、富有内涵的漂亮女人，在人们的心目中，她永远都是那样漂亮、那样年轻、那么富有活力。

有内涵的女人是注重修养的女人，她们不会沉迷于低俗的趣味中，她们格调高雅，不喜欢哗众取宠，她们有自己的原则，不会委屈自己去做违背自己原则的事情。有内涵的女人一般都有坚强的意志、高尚的情操和无私的爱，最重要的是她们热爱生活，不会整天怨天尤人、愤世嫉俗。

拥有内涵美的女人如清新淡雅的百合，美丽而不妖艳，淡雅却更芬芳。也许有内涵的女人容貌上可能不漂亮，但是她的才华、她的智慧、她的得体、她的温文尔雅，不仅可以弥补相貌上的欠缺，而且会因此成为众人瞩目的焦点。有内涵的女人会从内向外散发出一种摄人心魄的魅力，这种魅力不是天生就具有的，更多的是后天培养出来的。有内涵的女人是内外兼修的，她们不仅注重自己的外在美，同时她们也会不断提升自己的内在美。只有内外兼修的女人才会更具风情，更加迷人。

“腹有诗书气自华”，所以有内涵的女人会经常读书来提高自己的品位、拓展自己的视野、净化自己的心灵。女人经常读书，不仅会提高文化修养，同时也会让自己变得更有深度。女人经常读书就会散发一种知性的美，这种美会让女人变得更有气质、更有内涵。内涵美不是装出来的，装出来的内涵是矫情，真正拥有内涵的女人，在任何场合下都会光彩照人。

谁也不能阻挡时间在容貌和身材上留下的痕迹，有内涵的女人却不会因为岁月改变了容貌和身材就埋怨生活，相反，她们会坦然接受这个事实，外在的改变丝毫不会影响她们的内涵美。这是人一生必须要经历的过程，没有时间的积淀，你的人生就不完美，你的阅历就不丰富。内涵美在时间的磨炼下会变得更加丰盈、更加充实，它如尘世酒酿，越久弥香，虽然时间一点一滴地流逝了，但是它却变得更加芳香，韵味更加悠长。

容貌漂亮的女人，或许可以让男人迷恋一时，当青春一去不复返的时候，男人也易随之而去。而用内涵征服男人的女人却不必担心男人会转身离去，因为内涵会随着时间的流逝变得更加深厚，女人有了内涵，人生才会更加充实、更加靓丽。

做女人，就应该做一个有内涵的女人。

知性美为女人的魅力增色

女人都喜欢被人叫作美女，虽然她们也知道如今“美女”已经变成了一个称呼。美女是一种肤浅的夸赞，对于高傲和有知识的女性，单用美女这个词来形容，不免显得有些轻浮。

真正有魅力、吸引人的女性，不仅要有美丽的外表，而且要有内涵，要有一种知性美，这样的女人才更能人见人爱。

知性让女人遇事冷静、不骄不躁，一个知性的女人有一种成熟美。知性美也是一种聪明的美、智慧的美、淡定的美。所以，知性让女人更美丽。

知性是由知识带来的特质，是处于感性和理性之间的智慧美，而它又偏向理性。它是由文化涵养发出的外在气质。每个女人都不可能有着西施的容貌，人的相貌难以改变，但提高自己的内在修养和塑造自己的外在气质却是可以通过一定途径磨炼出来。对于一个女人而言，知性美也是一种较高层次的魅力，它表现在内在修养、为人处世和外在气质上。

知性的女人在面对问题时，总能保持清醒的头脑和理智的思维，陈鲁豫就是这样的一位女性。

余秋雨先生在鲁豫《心相约》里作序，把陈鲁豫知性的特质描述得淋漓尽致。“摆在她面前的采访目标，拿出任何一个来都会让最有经验的男性记者忙乱一阵，而她，却一路悠然地面对难以形容的约旦河西岸、佩雷斯、拉马丹，勇敢激愤地与伊拉克海关吵架，眼泪汪汪地拥抱在战火中毁家的妇女，在伊朗一次次与宗教极端主义的行为辩论……她的这些言行，都是个人即兴，绝无事先准备的可能，却总是响亮强烈，如迅雷疾风，让全球华语观众精神一振。”

陈鲁豫被网友评为最具专业风范的女主持人之一，这正是源于她的知性美。一个真正美丽的女人包括三个方面：第一，貌美；第二，性感，当然，这里的性感并不是搔首弄姿，而是一种内在气质的自然流露；第三，高贵感，这是由女性涵养所造就的。

知性女人，就像一块开琢的璞玉，经过时光的细细打磨，越发显得晶莹，圆润。让你时时感到美丽绵延无绝期，青春辗转无尽头。知性，令女人独具内涵，呈现完美。知性女人就是这样的女人：头脑明晰，心智成熟，有一个健康的心态、一个不老的情怀，秀出自我，提升价值。

女人的知性美也不是一蹴而就的，需要一个过程，和女人的年龄、阅历也有着一定的关系。女人似水，年轻靓丽的女孩好比山涧里欢快奔流的小溪，活力四射，而那些人到中年婉约细致、内涵丰富的女子，则像宽阔平稳的江河，虽然色彩淡了，可积淀多了，韵味足了。知性和阅读有关，对书的钟爱能让女人收获思想，收获人生的感悟，从而可以从容地观察世界，也就自然有了知性美。

杨澜曾说，喜欢看书的女人一定是沉静且有着很好心态的女人，因为在书籍的海洋里女人可以吸收营养。喜欢看书的女人一定是出口成章且优雅知性的女人。认真地阅读可以让心情平静，而且书籍里暗藏着很大的乐趣，当遇到一本自己感兴趣的书时，会发现心情是愉悦的，而且每一本书里都有着很大的智慧，阅读过的书籍都会是女人社交中的资本，相信没有人会喜欢与一个肤浅的女人交往。选择合适的书本，它能够教会你很多哲理，以及会让你学会以一种平和的心态去迎接生活里的痛苦或快乐。

从杨澜的话中，我们能了解到书对于女性成长的重要性，只有心灵成长，女性才会变得具有知性美，面对问题才不会手足无措，才能冷静地思考和解决问题。

修炼知性美，女人可以从这几个方面着手。第一，在为人处世上要具有良好的心态。要诚信坦然地对待生活，保持乐观和开朗的心态，少一些抱怨和牢骚。第二，做人要有原则，遇到问题要权衡利弊，多想想。遇到不想做的事情你要学会在微笑中婉言拒绝，这样不伤人而又尊重自己、尊重别人。第三，女人要懂得善待自己、善待生活。第四，女人要注意培养自己的外在气质，这与品位有极大的关系。杨澜说："在某些程度上，一个人的品位与她的气质是相辅相成的，品位的高低取决于一个女人在日常生活里对新事物的发现。品位是自己独特的味道，每个女孩都要有自己的品位，一个廉价的饰品只要戴出属于它的特质，它也能够表现出自己的品位。"品位提升也是知性提升的一个重要方面。

总之，知性让女人更美丽，一个知性的女人，会懂得规划自己的生活、情感和事业，能以睿智的眼光看待问题，也会懂得如何提升自己的价值，生活自然就会很愉快。

修炼你的审美能力

现在的知性女人往往非常重视自己的内在美，她们甚至看不起那些打扮过于艳丽的女人。的确，素雅的女人让人有一种自然美的感觉，但素面朝

天的你往往会让人觉得你不善于打扮，觉得你的审美能力不是很高，这样不仅会让你的美感大大降低，而且你的品位也会在潜意识中因此受到影响。人都是有爱美之心的，去书店的时候，装帧精美的书籍是最夺人眼球的，在马路上行走，打扮漂亮的美女是最吸引人眼睛的。女人要想自己的形象更加美丽，审美能力是最基本的，也是最重要的。

一个形象漂亮、品位高雅的女人，必是一个审美能力高的女人。给一些女人足够多的钱，让她们去买一套适合自己的衣服、鞋子、手袋和饰品，你会发现有三个结果，有的女人变得让人眼前一亮，而有的人则变得相貌平平，还有些人可能变得更加暗淡，形象变得更糟。为什么会有这样不同的结果，这就是因为审美眼光不同而造成的。有些女人的审美眼光比较高，不仅可以掩饰自己身材相貌上的缺点，而且还能让自己的优点更加明显，让自己更有亮点。而审美眼光平平的女人，可能不仅会让自己显得品位差，甚至可能让自己的缺点表现得更加明显。

如何提高自己的审美能力，让自己变得更有品位呢？

有的人认为只有受过高等教育的人才会拥有较高的审美能力，这是一种狭隘的认知。有些时候，高学历的女人往往是在某些学术方面有专攻，在衣服服饰方面她们往往会疏于打扮。人的审美能力虽然与你的受教育程度有一定的关系，但关键还是要有一些专业的审美知识。比如，视觉平衡可以带给人舒服的感受，单色服装是最简单易行的着装原则，垂直线条会让你变得身材高挑，横条纹的服饰会让你变得丰满，适合身材偏瘦的女性。

小华是一个身材偏胖的女孩，由于身材不好，所以她经常穿盖过臀部的上衣，喜欢穿一件到膝盖以下的裙子，虽然这样可以掩饰自己身材方面的缺点，但是也显得比较厚重，给人一种跟不上潮流的感觉。鉴于小华这样的身材，她可以选择一些有垂直线条的衣服，颜色不要太多，颜色太多会让人觉得更加厚重，也没有视觉中心，一点也不能突出重点。上衣到臀部的上部即可，裙子也不要太长，到膝部就可以了，这样不仅可以显得活泼，同时也不会有过于厚重的感觉。服装的穿着一定要突出视觉中心，颜色最好是一种，最多不能超过两种，否则就让人变得比较暗淡，没有亮点。

聪明的女人可以选择适合的服饰将自己的优点明显地显露出来。如果你的腿形好,你可以穿短裙将自己的美腿秀出来,如果你的腰比较细,你可以选择束腰的服饰将它展现出来,也可以选择腰部有装饰的衣服,这样就可以将你的亮点显出来,吸引别人的眼光。

女人应选择合适的饰品提升品位。再好的服饰如果没有饰品的搭配,也会变得没有味道,精美的饰品往往会获得爱美女人的青睐。在佩戴饰品的时候,尽量选择一套饰品,这样不仅有呼应的感觉,也让你的品位显得与众不同,不配套的饰品往往会让人显得庸俗,没有品位。

女人应该为自己选择一款适合自己的香水,劣质的香水不仅会伤害你的健康,也不会唤起别人的好感,漂亮的女人是有味道的。每个类型的女人都有适合自己的香水,不同的场合也需要不同类型的香水,过于香艳的香水不仅不会给人美感,甚至让人觉得你很俗气,过于淡雅的香水会让人觉得你不懂风情,所以选择香水一定要把握适度原则。

选择适合自己的手袋也是修炼审美能力中不可或缺的一项。现在香奈儿、LV 手袋风靡全球,拿着这样的包不仅彰显你的地位、你的财气,同时也是你身份的象征,但不是所有的女人都适合拿这样的包,女人各有风情,不同的手袋会让你展现不同风情的美。有的包让你尽显女人的娇媚,有的包让你尽显女人的干练,有的包让你极尽优雅之美……所以要选择适合自己的手包,尽显自己的审美能力。

聪明女人决不要贪小便宜

有的女人好像天生就喜欢占小便宜,她们常常希望能够吃到免费的午

餐,希望能够用很少的钱就淘到漂亮的衣服,希望能够经常得到别人的一些小恩小惠。在她们心里,不用自己掏钱就能吃到午餐是一件很自豪的事情,甚至会被当做引以为傲的谈资,逢人便说。殊不知,有的时候,如果你是个喜欢占便宜的女人,而且把这样的行为当做骄傲,他人就会对你的人格产生怀疑。也许,一个女人得了小便宜,表面上没有什么损失,但是从深处来说,她已经失去了别人对她的尊重,以及别人对她的情谊。女人要记住,有时候小便宜是“陷阱”,你千万不要因为贪图一点小便宜,就把自己陷入一个窘迫的境地。

在日常生活中我们经常可以看到这样的场面:一个大商场一有打折的消息,很多女人便蜂拥而至,她们为了比别人抢到更多的东西,手忙脚乱,连眼睛也忙不过来了,而有的女人还因为抢占最后一件商品还大打出手,好像自己抢的不是一件打折的商品,而是价值连城的宝物。围观的男人只有叹息:“女人,这就是女人,天生爱占便宜。”这样的例子比比皆是,在拥挤的菜市场两个女人会为了一些小白菜而唇枪舌剑,展开争论;在公交车上一位母亲因为自己儿子的身高是否达到购票标准与售票员争论不休;女人们一起结伴出去聚餐,总是为自己多掏了钱而气愤不已。其实,那些喜欢占便宜的女人,就只顾自己的得失问题,而不去更多地关注自己的自尊和人格,却不知当你赢得一些小便宜的同时,你那宝贵的自尊也丧失殆尽。

有一个女人在一家公司当文员,她家里也是做生意的,在别人看来,应该是家境不错的女子。虽然她生活富裕,但还是喜欢处处占别人的小便宜。平时和朋友一起出去吃饭,一到买单的时候,她定会消失得无影无踪,或是还没有买单之前就找个借口离开了,或是买单的时候抱歉地说自己没有零钱。但是,时间长了朋友都知道她喜欢占便宜,再一起吃饭时就故意不叫她了。

有一次,她因为在工作上得到一位男同事的帮忙,为了答谢那位同事,她就主动提出请他吃顿饭,那位同事一听,觉得这女孩还挺大方的。刚开始,那位同事说找个一般的餐厅就可以了,可是她说环境太差,就去西餐厅吧。他们两个人点了牛排,她吃完了还为自己点了一份鸡排套餐。

到买单的时候，她一边掏钱，一边急忙说："我来，我来。"可是她足足掏了几十秒也没有掏出来。男同事见状客气地说："要不还是我来吧。"一句客气话，她却嫣然而笑："谢谢了。"全然没有想到这顿饭是自己主动邀请的。男同事把账付了，两个人就各自回家了。

后来她发现那位男同事渐渐与自己疏远了，可是，她却不知道是为什么。

因为她在占小便宜的同时，也丢掉了很多宝贵的东西。她丢掉的不仅仅是他人的尊重和情谊，还有自己的人格和尊严。生活中，很多女人担心"机不可失，时不再来"，于是，她们只要发现是有利可图的，不管合适不合适，都会赶紧占了便宜再说。却不知，这样做常常是占了小便宜，却丢失了大局。

俗话说："捡了芝麻，丢了西瓜。"有的女人就经常犯这样的错误，她们经常因小失大，不知不觉地做了愚蠢的事情。一些女人因为一点薄利就闹出了不少的笑话，甚至使自己付出了经济和名誉上的双重代价。而且如果一个女人总是这样"贪小而失大"，就只会被周围的人所耻笑。聪明的女人要学会在这些小便宜面前冷静地思考，天上不会掉馅饼，如果有了免费的午餐，那么自己就一定要付出一些代价。做任何事情都要实实在在，是自己的就是自己的，不是自己的抢来也不属于自己。每个人都不是傻瓜，女人千万不要耍小聪明，有时聪明反被聪明误，最终吃亏的人只能是自己。

聪明的女人就要学会克服自己心里的贪念，不要产生贪图别人或者集体利益的念头，要有正确的思想认识，提高自己的意志力，抵制不良的诱惑。做任何事情之前，都要权衡利弊，考虑后果，千万要三思而后行，并为自己树立坚强的信心，这样你才会经得住来自别人的诱惑，才不会陷入可怕的陷阱。

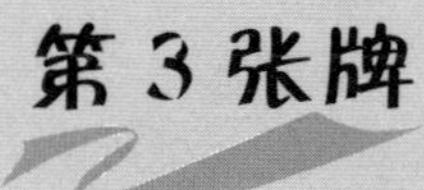

第3张牌

培养魅力无限的迷人姿态

每个女人都希望自己人见人爱，然而这并非说说就可以做到。一个可爱的女人必然是有魅力的、吸引人的，那么怎样培养自己这些迷人的姿态呢？下面我们就会从神态举止、声音、妆容等方面给你一些锦囊妙计，希望通过这些文字，能够引导你成为社交场上一朵魅力无限的迷人之花。

仪态美的女人更具吸引力

女人是美丽的代名词，这种美，不仅仅是出众的容貌，更重要的是一举手、一投足时的优雅。从举止、动作展现出来的仪态美，更能凸显出你的修养和个性，让他人对你钟爱有加。仪态是女人的第二张脸，因为美是一种整体的享受，空有美丽的面孔和光鲜的外表，而没有优雅的仪态，美就根本无从谈起。从某种意义上讲，女人的仪态美更具吸引力。

女人的坐姿、站姿、行走姿态无不影响着别人对你的气质、形象的评价。一个美丽的背影、端坐时优雅的手势、走路时裙摆的飘动都会让人产生一种美感。

很多外表美丽的女人因为她们的人品差、素质低，从而在仪态上造成败笔，但也有很多女人因为习惯不好、心情不佳而影响了仪态。仪态美流露在举手投足之间，不要因为紧张而抓耳挠腮，也不要因为生气而大喊大叫。一个有涵养的女人能淡漠一切，一笑而过。

赵雅芝为什么年过50岁，却依旧能在娱乐圈屹立不倒？除了她良好的健康饮食习惯使她保持美丽容颜外，就是她的仪态，她带给观众的总是一副温文尔雅、清新隽永的笑容。

仪态美不是一朝一夕能实现的，而是要靠生活习惯积累而成。生活中，有些人粗枝大叶，有些人活得精致有品位，而只要你平时稍加注意，注意生活中的细节，便可以让自己仪态万方。女人要内修与外练结合，方能“仪态万方”。的确有很多美丽的女人，但是她们站没站相，坐没坐相，满口脏话，给人很差的印象。相反，有些女人相貌平平，却谈吐优雅、落落大方。在很

多次世界小姐和各种选美中，获奖的似乎都不是相貌最好的选手，而是那些仪态万方的选手。

仪态美就是女人的闪光点。巩俐的仪态和气质为她赢得了在好莱坞的地位。《人鱼小姐》女主角张瑞希曾这样评价巩俐："她是那种不需要说台词，脸部表情已经可以表达很多的演员。"无论在什么情况下，巩俐的仪态都能打动每一个人，她在电影节中的成就，是迄今为止没有任何一个女演员能匹敌的。

1998年，法国文化部授予巩俐"绿骑士文化艺术勋章"，这是国内女演员第一次获得该项殊荣。

2000年，联合国教科文组织授予巩俐"促进和平艺术家"荣誉称号，这也是迄今为止华人女演员在国际上取得的最高荣誉。

她取得这些荣誉除了与她娴熟的演技有关之外，她的仪态也至关重要。她能将不同的仪态用到不同的场合。在《艺伎回忆录》放映过程中有这样一句评论："巩俐的表演席卷了整个银幕，随着她的退场，影片开始变得乏味"这就是一个表演艺术家的功力！而巩俐呈现给人的始终是一个仪态万方的女人。

无论是明星大腕，还是普通的女性，一个女人的仪态决定了她在交际中的地位和自己生活的品位，仪态体现了一个人的文化素养和涵养。即使文化知识再丰富的女性，有着不好的仪态也会被认为是没有知识的表现，而即使你没有高学历，仪态端庄典雅也会让你增色不少。

仪态美就如女人一件美丽的礼服，在各种重大的场合，女人都可以穿着它出席，而没有它，美丽的珠宝也只是一个摆设。所以，从身边的生活习惯开始，改掉平时不好的习惯，走路别再迈着大步子，吃饭时别再发出大声，交谈时别再说着不入流的话。从小事开始改变，让自己变成一个仪态万方的女人！

优雅的穿着让女人魅力四射

人们对于那些漂亮、美好的东西都会不由自主地产生亲近之情。服饰犹如商品的外包装一样，人们总是对那些包装漂亮的商品感兴趣。如果想让别人第一眼就发现你，那么请先为自己准备一些得体的衣服，让自己漂亮起来。服装发展到今天，已经不仅仅是为人们保暖遮羞的布料，更多时候代表的是一种身份地位和人的审美能力。因此，想让自己成为人见人爱的女人，那么先从自己的服饰入手。

面对款式各异的衣服，女人到底应该选择什么样的衣服才能让自己魅力四射，人见人爱呢？如何巧用服装来衬托自己的美，选择什么样的衣服可以使自己看起来美丽动人，是每个女人经常思考的问题。如果你要是小瞧了服装搭配，可能就会弄巧成拙。

那么，做个第一眼就吸引别人眼球的女人，在穿着上应注意以下几个方面。

(1)服饰优雅大方，不追求新奇古怪

随着时代的发展，每个人都在追求自己的个性。为了表达自己的个性，一些人把目光放在那些奇装异服上，不为优雅美观，只图标榜个性。追求个性美丽不为过，但是不能为了追求别人的目光，而走向另一个极端。如果一味地追求个性，只会让你成为他人眼中的笑料罢了，并不能让别人从心里喜欢上你。

(2)服装要合乎体型，色彩与款式要以突出自己的优点为原则

女人想要表达自己的美，就要选择与自己身材和肤色相适宜的服装，选择的服装一定要得体。衣着得体并不是要求你一定要选择昂贵的衣服，而是要你选择的服装能给人一种美好的感觉。也许有的服装穿在别人身上很好看，可是却未必适合你。等你买回来穿在身上后，不仅衣服不适合你，甚至把自己的缺陷暴露无遗。这样的话，他人只会注意到你的缺点，想让别人第一眼就喜欢上你肯定是不可能的。

(3)服装要合乎时间和场合的要求

无论多么华丽的服装，如果穿在错误的场合，它也不可能成为别人眼中的焦点。试想一下，在人群涌动的晚会上，周围的人都身穿礼服，而你却以一身运动或休闲的服装出场的话，那会带给他人一种格格不入的感觉，同样会影响到你的魅力指数。因而，想成为人见人爱的女人，就要学会根据出席的场合选择合适的服装。可能你的身材确实很适合穿某种款式的服装，但是如果这种款式的服装不适合你将要出席的场合的话，那么就要果断地放弃，重新做出选择。

生活中也有许多女人，觉得自己有着出色的美貌，在选择服装的时候总是抱着一种无所谓的态度，结果只能给他人留下不好的印象。相反，那些原本并不美丽的女人，她们总是注意自己的着装，在与人交往中更容易获得他人的好感，得到他人的认可。

女人，无论你是否漂亮，也无论你的身材如何，只有选择适合自己的衣服，才能让自己看上去更加完美，更有精神。更重要的是，一个优雅完美的外表可以让自己内心充满自信，对未来充满信心。如果没有优雅完美的外表作支持，即便你再有才能，也会容易在与周围的人的对比中因缺乏信心和勇气而败下阵来。因此，如果想成为人见人爱的女人，那么从现在开始注重自己的穿着吧！

女人的表情是一种动听的歌

追求美好的事物是每一个人都喜欢做的事情。女人如果想要吸引他人的眼球,除了要拥有优雅的穿着以外,更应该拥有精彩丰富的面部表情。与服装比起来,女人的面部表情更能够展现女人的内心世界。如果你也想让自己的表情看起来更加迷人,那么从现在开始努力吧!

女人想要让自己的面部表情生动起来,可以尝试从以下几个方面做起。

(1)拥有真诚的微笑,让自己看起来和颜悦色

无论你属于何种类型的性格,想要成为一个让人第一眼就喜欢的女人,那么必须使自己拥有较强的亲和力。一个拥有亲和力的女人,无论走到哪里都会受到周围人的欢迎。如果说一个拥有亲和力的女人有什么明显的标志的话,那就是真诚的微笑。

也许有人会说不就是微笑吗,没什么难的。其实微笑并非你所想象的那么简单。一个真诚的微笑,要求你发自内心的笑,而不是显现在别人眼里的皮笑肉不笑,或是笑里藏刀。虽然真诚的笑容的条件有些苛刻,但是如果用心去微笑的话,就一定能够做到。

想让自己的微笑自然,只要经常锻炼就可以了。每天清晨醒来洗漱完毕,你可以站在镜子面前练习。当然,在练习之前首先要知道你平时开心的时候的表情。每次练习的时候,试着把自己嘴角的肌肉拉伸到开心的位置。如果能够每天坚持练习三分钟的话,相信你的微笑也就更加自然真诚。

(2)率直的表情能够使对方放松心情

想成为别人一眼就喜欢上的女人,还要拥有率直的表情。也许有人会说,自己已经长大,不会率直了。其实率直的表情与年龄没有关系。一个拥有率直表情的女人,可以让人觉得生活变得无忧无虑,因此,拥有这种率直

表情的女人可以让人放松心情,忘记烦恼。如果你也可以拥有这样的表情,相信每一个见到你的人都会被你的天真纯洁所感染,都会喜欢上你。

率直的表情其实就是拥有一颗天真纯洁的心,因此,希望你在以后的生活中能够简单一些,活泼一些,不要把事情想得过于悲观。当你与他人交流时候,可以想象自己正处在一望无际的森林里或者海边,先让自己的内心平静下来,然后用一颗童心去对待别人,相信你一定会有所收获。

(3)用平和的面部表情让对方感受到你的温柔善良

在与人交往中,如果想让自己受到他人的欢迎,还应该注意保持平和的面部表情。女人是温柔的代名词,如何能够利用自己的温柔吸引对方?那就是让你的表情平易近人。如果你整天都是一副凶巴巴的样子,谁还敢靠近你,就更别提别人能一眼喜欢上你。如果你的表情不够平和,也不要泄气,只要通过努力一定可以摆脱困境。

练就平和表情的方法是:每天多想一些开心的事情,待人接物要做到耐心细致。遇到高兴的事情不要表现得过分激动,当然遇到难过的事情也不要表现得过于悲观失望。时刻保持一颗平常心对待生活中的欢乐与痛苦。

当然,面部表情不单单这几种,女人的一颦一笑都可以展现自己的神韵。如何让自己的表情打动他人的心灵也是一门技术。想要真正做到这一点并不容易,但是如果能够把这三种表情熟练掌握,一定会提升你的魅力指数,那么你离人见人爱也就不远了。

用眼神传达你的可爱、鼓励和赞美

在人的五官当中,最能表达内心世界的就是眼睛。人际交往中,一个人的眼神可以给对方传达出许多信息。利用眼神来传情达意，可以准确地表达自己的内心世界。如果想成为人见人爱的女人，把你的优点通过眼神传递出来吧。

“回眸一笑百媚生，六宫粉黛无颜色。”也许有的人认为，用明眸传情是恋人之间才会有的专利，其实事实并非这样。生活中，我们无时无刻不在运用自己的眼睛传达着感情。对于那些我们讨厌的人，可能我们会用厌恶的眼神看着他，如果我们喜欢一个人，我们会用一种热切的眼神望着他。利用眼神来表达自己对他人的感情是一种隐藏的方式，想要让对方一眼便喜欢你，你应该怎么做呢?

(1)用温柔、可爱的眼神获得对方的肯定

女人想要获得别人的喜欢，先要用女人特有的温柔与可爱打动对方。因此，当你与对方交谈的时候，要学会温柔地去看对方，不可让他人被你的目光吓跑。如何运用才能让自己的眼神充满温柔和可爱呢?眼神是心灵的窗户，只有你的内心充满温柔和可爱，才能从眼神中传递出来。从现在起试着相信自己身边的爱，让自己内心变得单纯一些，用心去感受这个美妙的世界，你的眼睛就能表达出温柔与可爱了。

(2)用眼神及时表达自己的鼓励

温柔的眼神可以让女人看上去更妩媚动人，如果想要捕获别人的心，还应该尝试着用鼓励的眼光看对方。试想一下，如果一个女人总是用一种威严的目光审视周围的一切，只会让身边的人不敢靠近。如果想要让自己广受欢迎，那么试着用眼神给对方加油，让对方敢于向前靠近。想让自己的眼神充满鼓励，可以尝试着用一种期待的目光看着对方，同时向对方表达出“不用害怕，你一定行”等暗示语。当对方领悟到你的眼神时，会充满力量，激起斗争的勇气。女人在用眼神表达鼓励时，应该试着让自己的目光大方，给人一种有力量的感觉。

(3)用目光代表自己对他人行动的赞美

女人的赞美可以使对方内心产生愉悦的情感，有利于对方对你产生好感。因此，如果女人想要获得别人更多认同的话，可以试着经常赞美别人。

当然赞美别人不一定要用语言,如果方法得当,用眼神去赞美别人的效果会更加理想。如何让自己的眼神充满赞美之情呢?女人要用一种关注的目光看着对方,当出现让你满意的结果时,学会用微笑赞许他们的成功。你的目光中所透露出的微笑是你对他的行为的一种认同。当然,在运用这种眼神的时候,要让自己表现得非常自信,这种自信是由内而外所散发出来的真正的自信。

女人利用目光的力量可以让自己变得更加迷人,更加充满吸引力。但是当女人运用自己的目光表情达意时一定要掌握好眼神停留的时间。一般情况下,与人初次见面时,与人眼神接触时间不应太长,否则会引起他人的误解。女人想让自己拥有良好的人缘,成为他人第一眼就喜欢上的人,就要把握好这个分寸。通常用目光给予对方的关注不能停留过久,同时还得让自己的目光充满微笑,这样就可以表达更好的效果。

看完了这些内容,你还在为自己的眼神而苦恼吗?相信只要能够巧妙运用这个技巧,你也可以让自己拥有一双"电眼",让自己在众人当中拥有良好的人缘,成为人见人爱的女人。

举止大方得体,不给他人压迫感

如果我们把语言看成是与人交往的第一座桥梁,那么一个人的仪态可以称得上是第二座桥梁。一个人的举止是一种无声的语言,却可以影响到他人对我们的评价。因此,如果想要给他人留下良好的印象,让别人一眼便喜欢上我们的话,就要注意自己的一举一动。

人们对一个女人的判断,并不仅仅是看她长得够不够漂亮,举止大方也

是人们的审美标准之一。端庄的举止和良好的仪态有助于赢得他人的认同和赞赏，为自己争得他人的喜欢。如果一个女人的举手投足之间总是透露出不雅，肯定会影响到自己的魅力。相比较而言，如果一个女人拥有文雅的动作和动人的姿态，那么她更容易受到大众的欢迎与喜爱。想要依靠举止为自己增添分数，赢得他人的喜欢，应该注意哪些方面呢？

(1)优美的行姿赢得他人的认可

女人想要赢得他人的认可，不仅谈吐要优雅，还应该留心自己的坐立行走姿势。无论你走起路来是一路小跑，还是大步流星，都应该力求身体协调，步伐从容，神采奕奕。

女人优美的走姿应该是：走路时双臂自然地前后摆动，既不应过于做作而夹紧双臂，也不能毫不顾忌自己的形象双臂乱舞。在双臂的配合下身体的重心便会随着脚步不断地向前过渡。当然，如果你想要向别人展现你的自信和朝气，走路时可以昂首挺胸，收腹直腰，双目平视前方，但肩膀不能左右摇晃不止。

(2)拥有赏心悦目的站姿，吸引他人的目光

也许你会认为弯腰驼背、左摇右晃的站立姿势可以让你感觉更舒服一些，但是这种姿势会给人一种懒散、轻浮的感觉，从而影响到他人对你的评价。想要让他人喜欢自己，那么从现在开始对这些姿势说“再见”吧。女人想要吸引别人的目光，不仅要留心自己行走时的姿势，更应该拥有良好的站姿。

女人优美的站姿应该是：采用双脚稍稍错位的站立方式，如果需要长时间站立，可以适当将身体稍向前倾。如果站着与人交谈，双脚可以自然摆成丁字步，分开稍小的距离。但是采用这种姿势时，一定要注意自己的上身保持挺直，要做到挺胸收腹，落落大方。在谈话的过程中不可做一些小动作，如抖动双腿，或者用脚捻地等。

当然如果想让自己的站姿优美，且显得精神饱满，可以尝试站立时身体稍微偏侧，前脚的脚尖向前，把后脚放在与前脚成45度的地方。这个时候要挺起胸，且腰部直立起来，双手保持自然下垂状态，腹部和臀部都要尽量向

内收。

(3)高雅的坐姿获得他人的喜欢

高雅的坐姿是一种艺术,想要吸引他人的注意力,要从每个细节做起。坐姿不仅包括你坐在那里的一种姿态,优美的坐姿从你向座位走去,靠近座位的那一刻就开始了。那么如何拥有高雅的坐姿呢?

无论你当前的心情如何,都应该轻松地走到座位前。这个时候你可以把左脚放在椅子前中央,然后向后转身,屈膝慢慢坐下,再把两脚合起,并向一边稍微挪一下,且把左脚放在右脚后面。落座时要注意不要发出声响,以免给人一种笨拙的感觉。有时坐的位置和时间长短不同,具体要求也不同。如坐在沙发上,臀部只放在沙发一半的位置。但总体要求坐姿端正、自然、大方,且身体重心平稳地落在座位上。

良好的举止可以给他人留下美好的印象,相反,如果忽略了这些细节,可能会直接影响到他人对你的评价。因此,如果你想要他人认同你、喜欢你,一定要从这些细节做起,力争举手投足间都流露出高雅的气质,打动对方的心。

嘴巴甜、声音美,让人不知不觉迷上你

想要让自己成为别人第一眼就喜欢的人,除了在视觉上给他人带来吸引力之外,你还可以在听觉上下工夫。长相不甜美的人同样可以给人甜美的感觉,那就是包装自己的声音。让自己甜美的声音抓住对方,让他在不知不觉中迷上你。

一个人的说话能力并不是天生的,如何让自己与他人沟通的时候嘴巴

甜一些、声音美一些，从而吸引对方的注意力，这也许是很多女孩子的梦想。也许有人会说自己的声音不理想，达不到这样的效果，其实并非这样。只要你有信心，经过后天的努力你一样可以成为声音甜美的女人。那么，想要拥有甜美的声音，你应该做些什么准备呢？

想让自己的声音甜美，你就应该先从这个“甜”字着手，要想让自己的嘴巴甜，应从以下几个方面做起。

（1）把礼貌用语时常放在嘴边

我们说一个人嘴巴甜的时候，通常是指这个人很会说话，总能把别人说得开心起来。那么，想让自己的嘴巴甜起来，就先从礼貌用语说起吧。生活中，我们要及时地表达出自己的感情，给他人一种有礼貌、有修养的印象。常用的礼貌用语包括：谢谢，对不起，请，抱歉等。在表达这些用语的时候，态度一定要诚恳，让别人觉得你是发自内心的，效果就会更加明显。

（2）与人交谈时要使用恰当的称呼

无论跟谁在哪种情况下说话，都要带上称呼，这样既可以显示出对对方的尊重，又可以表现出自己的教养。如果对方是陌生的长辈，可以尊称为叔叔或阿姨。对于与自己的年龄差不多的陌生人，我们可以尊称为兄弟姐妹等。需要称呼别人的名字时，我们一定要把别人的名字读对了，这样才能显示出你对别人的尊重。

（3）及时地表达自己的问候

中国人的特点就是见面就问好，无论是早上还是夜晚，见到对方都要先问候一声，表示出对他人的尊重。我们寒暄时可以从天气、服装、饮食说起。每天一个爽朗的问候可以让对方心情很好，还能给人有礼貌、会说话的印象，有利于他人对你产生好感。

想要自己的声音充满魅力，只是嘴巴甜，效果肯定不会太理想。你还应该在自己的声音上下工夫，那么如何让自己的声音听起来美呢？

（1）找到动听的声音

与他人交谈时，动听的声音可以使人觉得是在享受声音的盛宴。因此，当你与他人说话时，一定要注意自己说话的声音，包括音调的高低，音质的

好坏。女人在说话时要根据不同的场合以及需要表达的感情来变化自己的声音。

(2)打造明快的说话风格

一个优美的声音可以给人一种轻松幽静的感觉,因此与他人说话时,你应该保持明快的风格,给倾听的人一种阳光明媚的感受。你的声音显现出活泼轻快的特点,可以使对方内心充满欢快,不会给人一种压抑的感觉。

(3)语调自然而富有变化,语速适中,吐字清晰

一个人说话时,只有保持一种自然的声音才能最悦耳动听,因此,与人交谈首先应该保证语言自然流畅。同时,说话的时候还应注意语速,不能过快也不能过慢。如果语速过快,可能对方根本没有听清楚你说的是什么。当然,如果语速过慢,会让人听得很难受,也不利于给他人留下好的印象。语速保持适中,才能给倾听的人带来一种舒适的感觉。为了让别人弄明白你的意思,你在讲话的时候一定要做到吐字清晰。

现实中并不是所有的人都能把话说得那么悦耳动听。没有得天独厚的条件也没有关系,如果能够做到以上几点,相信你也可以让自己的嘴巴变得甜点,声音优美动听,一样可以成为一个人见人爱的女人。

精致的妆容让女人光彩夺目

如何让自己的容貌打动他人的内心?可能你正在为自己相貌不出众而烦心,只要你能够善于利用一些外在的条件,你一样可以成为别人心中可爱美丽的女人。现实生活中,许多女人并不美丽,但是这并不能妨碍她们成为人见人爱的女人。当然,这是有技巧可言的,这个技巧就是用化妆去改变个

人形象，提升个人魅力。

女人有千万种美丽可爱的形象，只要你给自己来一次精致的包装，一瓶香水或者一双高跟鞋就可以成就一个美丽的你。假如你希望得到别人的认可与喜欢，那么你就应该以一个精致的妆容出现在别人的面前。只要你做得足够细致，那么一定可以吸引别人的目光，抓住别人的视线，成为人见人爱的女人。

女人，想要变得可爱美丽，让别人第一眼就喜欢上你，应该怎样装扮呢？

(1)注意自己的仪容，出门前先给自己化一个美丽的面部妆容

有人说，爱化妆的女人是积极的，会化妆的女人是智慧的。懂得在特定的时间、特定的场合，化一个适宜的妆容的女人是美丽的。女人化妆是为了与他人交往时，更好地展现自我风采。如果想要在人际交往中让自己更加美丽迷人，那么每天出门前先给自己化一个精致淡雅的妆，这样可以使你看上去精神饱满，充满朝气。化妆本身并不能改变你的相貌，但是化妆可以让你变得更加美丽大方，与人交往时由内而外所散发出来的自信会让你充满魅力。根据具体的场合，要有适度、得当的妆容，只有这样才能向他人恰到好处地展现你的美。

①办公场合的职业妆。这种妆容的基本要求是色彩淡雅，能够与服饰及办公室的氛围融合为一体。你要明白这种职业妆应有益于工作，如果色彩过于浓艳，会影响到你的形象，同时也不利于与周围的人交流。

②在强烈光线下的室外妆。因为室外自然光线比较充足，可以把一个人的肤质表现得很清楚。因此，对于室外妆的化法要根据一个人肤质的特点来决定。对于那些肤质较好的人，可以采用本色的妆容，让天生丽质来表现自己的美。当然，如果你的肤质不太理想，你可以适度地把妆容化得重一些，这样可以遮盖自己的缺点。但是总体上讲，室外的妆容应以清新自然为宜，浓淡可以根据具体要求做调整。但是需要注意的是，由于室外环境、天气等因素可能会引起妆容的脱落等问题，因此，一定要记得随身携带化妆品及时给自己补妆。

③宴会上的晚妆。这种妆容重点强调的是轮廓感。晚妆一般有高贵、

优雅、性感、冷艳四个主题，至于你要塑造成哪一种主题，需要与相应的场合、你的服饰、气质和风度协调一致。

(2)给自己做一个精致的发型，让自己更加精神

实践证明，除了内在的气质和修养以外，一些妆容和发型可以让女人更具有女人味，更加充满吸引力。为了能够在他人面前展露自己的个性，更加充满魅力，你可以适当地改变自己的发型。到底是选择松散的卷发，还是顺长的直发，要根据具体的情况而定。但是目的是把自己装扮得更加美丽生动，力求给人一种美的享受，这样你就能够顺理成章地抓住他人的目光，引起别人的关注，让他人在第一眼便喜欢上你。

拥有美丽的仪容可以让你充满魅力，拥有自信。每天出门前先给自己做一次改变，让自己变得格外漂亮大方。只有这样，你才能吸引他人的目光，博得他人的认同与好感，让自己成为对方一见就喜欢的女人。只要坚持这样做，你一定可以成为人见人爱的女人。

涌动的香味触动他人的心

女人美丽的妆容和优雅的穿着可以给他人的视觉上带来冲击，让他人一眼就喜欢上你。除了这些视觉形象外，女人还可以巧妙地运用香味调动他人的嗅觉感官，吸引对方的注意。与有形的视觉形象相比，无形的香味更能够引起他人的兴致。因此，女人适当地运用一些香水也可以提升自己的魅力，增加自己的吸引力，成为人见人爱的女人。

女人的美丽可爱、优雅恬淡、性感浪漫、恬静柔情、洒脱活泼，可以借助香气传递给他人。虽然香水可以表现女性的个性，增加女性的魅力指数，但

是并不是所有的香水都适合你。不同的香水拥有不同的个性，选择一个适合自己的香型，不但能够调节心情，更有助于散发个人魅力。人们闻到你身上的味道，会情不自禁地说："哦，那就是你的味道。"由此可见，选择适合自己的香水才是最为关键的。那么，女人要如何选择与你相契合的香水？选择一款属于自己的香水，可以按照以下几个步骤。

(1)认清自己的性格类型，根据性格特征来选择香水

不同的人有不同的性格，也会有不同的味道，在选择香水之前你最好先弄明白你属于哪种性格类型。选择清新淡雅，还是香甜活泼，你可以根据自己的性格特征来选择一款适合自己的香水。

除此之外，你还可以根据自己的年龄来选择香水，成熟女性可以选择经典味道的香水，活泼可爱型的女生，可以挑选一些散发果香味的香水。总之，你要先找准自己属于哪种类型，然后再来选择香水的类型。

(2)香水也分类型，与自己的条件相结合，确定适合自己的香水

香水一般分为性感诱人型、清新淡雅型和香甜活泼型，女人要根据自己的特点选择香水。

找到属于自己的香水了，那么如何选购香水呢？如果不能掌握技巧，你还是不能买到称心如意的香水。在购买香水时应遵循以下几点。

- 在选购之前先列出自己喜欢的味道的清单，然后有目的地寻找类似的香水。
- 选购的时间最好安排在早上，因为这个时间段人的嗅觉较好，头脑也比较清楚，因此更容易选对适合自己的香水。
- 出发前应确保自己的身上不存在香味，以免选购时影响你的判断。
- 在选购的时候，不能一次试闻多款香水，那样只会让自己的鼻子产生疲劳，影响判断结果。

选到一款属于自己的香水后，女人还要懂得如何使用香水才能让自己更诱人，更受欢迎。女人在使用香水的时候，要注意以下几个方面。

(1)香水最好用喷洒的方式

为了使香味散发的效果好一些，还得选择喷洒的部位。在使用淡香水

的时候，可以喷洒在耳垂后方、锁骨处、手肘内侧、手腕或膝盖后等部位。这些部位因为血管大量汇集，温度较高，因而香味更容易散发出来。

(2)尽量避免在腋下等汗腺聚集的部位喷洒香水

因为腋下会有细菌滋生，如果香水味与细菌所产生的不好气味相融合，便会产生一股很难闻的气味。

(3)喷洒香水，最好做到少量多次

有些人为了让自己的香味更持久一些，选择在一个部位喷洒很多香水，这样只会产生刺鼻的气味。因此，正确的喷洒方法是在一个部位少喷一些，可以多喷几个部位，有时还可以选择喷洒在裙子的下摆等处。

想要让自己闻起来香味怡人，就要在选择、购买和使用香水上多下工夫，只有这样，才能在人群中散出属于自己的味道。与他人交往时，让你的香味吸引他人，成为人见人爱的女人。

第4张牌

独特的个性提升你的吸引力

每个女人都希望自己能够倾倒众生，成为全场瞩目的焦点，以达到吸引人的目的。女人仅表现其外在的美是远远不够的，她还需要有美好的心灵、独特的个性。一个有个性的女人会因为独一无二的美而吸引他人，一个独特的女人会因为她的与众不同而在人们心里留下不能忘怀的身影。做一个有个性的女人，你怎能不受人瞩目呢?

女人迷人的个性惹人爱

有人说，形容一个女人美，你可以说她漂亮、美丽、标致，或者可以说她可爱、有气质，甚至是身材好。如果你觉得这些都不足以形容她的美，那么个性迷人这个词就非常适用了。

在现实生活中，不是每一个女人都有漂亮的面孔或者迷人的身材，但是每一个女人都以自己的方式美丽着。她们的个性各不相同，有的神采飞扬，有的秀外慧中，有的宁静淡然，有的风情万种，有的热情奔放，有的冷若冰霜，有的孤芳自赏，有的忧郁哀愁，还有的大气爽朗。个性散发出的香气永远浸润着女人的灵魂，女人如同姿态不同、芳香各异的花朵，在红尘中尽情摇曳。这些都是女人的个性，每个女人都应该有自己美好的个性，这样的女人才会更有魅力。

几十年光阴匆匆而过，即使女人和时间"抗战"，也总会留下岁月的痕迹而渐渐老去。既然这样，女人就应该培养自己迷人的个性，让别人不会因为你的年龄而否认或淡化对你魅力的认同感。

人们都说，有个性的女人是最美丽的，但是不要盲目地去追求与众不同，否则会走入个性的误区。有的女人认为专横跋扈是个性，冷漠无情是个性，觉得要有个性就应该摈弃温柔、反对传统。这是一种极端的做法，到最后，谁见了这样的人都不会喜欢，谁见了这样的人都想躲开。这样的女人歪曲了个性本身所具有的美好意义，这是对个性的一种错误的理解。

有的人还认为个性安静的淑女就是没有个性，这是一个误区。其实这样的女人就像一本哲学书，可以让人永远汲取精华。这种气质塑造的美更

具有持久力，也有着更深厚的底蕴、内涵，这就是一种迷人的个性。个性不是追时髦、赶流行，保持自己本来“面目”就是一种美。

著名女主持人、女企业家靳羽西就是淑女的典型代表，《纽约时报》称她为“中国化妆品王国的皇后”。她获得了许许多多的成就奖，同时她更是一个漂亮的、充满女人味的淑女。25 岁以前，她也和爱赶新潮的年轻人一样，尝试新的事物，极喜欢冒险，以此显示自己的与众不同。她那时赶时髦，追流行，把头发染成金色，涂蓝色的眼影。25 岁以后，她开始知道什么才是使自己漂亮的东西，也可以说，她从盲目地追求流行中进行了反省。她同样有着迷人的个性，成为个性魅力的代表。她对女性的美和个性有着独到的见解，她自己也是这么做的。

靳羽西并没有花时间和金钱去追求那些虽然流行但并不能使她变得漂亮的潮流。为了工作，为了成功，她需要一个成熟的、有品位的淑女形象。她“整齐的刘海、扣边的短发”，既使她看上去比同龄人年轻，又保持了她内在的青春活力，显得朴素高雅。这一发型似乎成了她一生的唯一选择。远远看去，就知道是靳羽西。她认为能使皮肤白嫩、细腻、年轻、更漂亮的颜色就是永恒的流行色。在大家追求和崇尚西方的金发碧眼时，靳羽西却认为亚洲人的黑发就是美，她认为黄皮肤也是美丽肤色的一种，关键是要使这种肤色成为一种健康色，打扮的目的是要使这种肤色更美丽，而不是要改变它。显然，她的定位——新色彩、新风格和新服装使她光彩照人，她的形象设计得到了全世界的认可，她的淑女气质使她永远充满魅力。

还有很多受人尊敬的女性都拥有安静的性格，从不张扬，也不跟随流行而去改变自己，心灵美是一切个性的基础。

真正的个性并不是追求外表上的与众不同或者追流行风，追流行只是标榜出来的个性，真正的个性是内在品质的培养，这样，无论是高贵大方，还是娇小可爱，都能受人欢迎。每一种个性都有它美丽和吸引人的一面，个性并不是靠外在包装而成的，它具有天然性，但这种天然又不是后天无法改变的，美好性格的培养有助于女性更好地展现自己。

温柔端庄者似风，如春风般温暖着每个人；忧郁哀愁者似雨，滴滴泪水让我们哀愁与共；开朗活泼者似火，激情感染着每个人。这就是女性个性的魅力。

友善性格助你与人融洽相处

人生在世，每个女人都生活在不同的环境中，虽然环境有所不同，但是女人们待人处世的法则是不会变的。俗话说，待人宽容，人必以宽容应之。女人要宽容友善地对待别人，诚恳实在地付出，才会赢得别人发自内心的理解、尊重与支持，这才是女人的魅力所在。

一次，哈维夫人邀请了几个重要的朋友吃午饭，并请林克负责宴会事宜。林克是纽约最好的宴会经办人，以前曾经协助哈维夫人举办过多次成功的宴会，深得哈维夫人的信任。

但是，这次林克让哈维夫人很失望。午宴很失败，整个宴会毫无秩序，菜做得糟透了，每次上菜都是最后才端给主客。宴会上到处看不到林克的身影，他只派了他的一个助理来，安排的几位侍者一点也没有一流服务的概念。哈维夫人对此很生气，决定等见到林克好好给他一点颜色看看。

哈维夫人转念一想，对林克大发一顿脾气，除了使他尴尬、不高兴并产生不愿意再合作的情绪外，没有任何好处，这次的事件已经无法补救了，何必再为以后的合作增添障碍呢？所以，当她再次见到林克时，哈维夫人和颜悦色地说："林克，我只想告诉你，上次的宴会你若是能在场，对我会有多么重要！当然，那天的菜不是你做的，也不是你上的，虽然你是纽约最好的宴会经办人，但那天的局面就是你也没办法控制。"

"是的，夫人，那天的事我确实很抱歉，您能这样理解我，我真的感到很

高兴！”

“林克，下周我还要举办一个宴会，我仍然非常需要你的帮助，你认为我们是不是应该再合作一次呢？”

“谢谢夫人，我也非常期待与您再次合作，我想上次的情况不会再发生了！”林克微笑着说。

在下周的宴会开始之前，林克和哈维夫人一起列计划菜单，并亲自在现场照应，服务完美无缺。宴会结束后，客人对哈维夫人说道：“我从未见过如此周到完美的宴会服务，您对宴会经办人施了什么魔法吗？”

哈维夫人笑了：“我的魔法就是友善！”

谁都会因为某种原因而犯下一些错误，当别人犯了错误时，女人不该再对他横加指责，应该友善地包容他的过错。哈维夫人这种宽广的胸怀使得林克感到被尊重、被谅解，这种关怀足以使林克以后将哈维夫人的事当成义不容辞的责任，并更加竭尽所能地为她办事。哈维夫人在无形中施展了魅力，使得她获得了别人的尊重与爱戴。

人生旅途中，成功与失败并存，顺利与困难交替，欢乐与悲伤共存。每个人都不完美，都会有做错事的时候，然而对于种种的不如意，不同的女人有着不同的对待方式。心胸狭窄的女人不懂得友善地和人交往，而惯于斤斤计较。她们不知道，友善是一种大度、一种涵养，是一种积极的生活态度和高品位的道德观念。友善的女人会从内而外散发出无形的魅力，充满亲和力，使人愿意接近。

女人因友善而变得美丽，与这种女人相处会令人满心欢喜，因为在和她相处的过程中，很多烦恼琐碎的小事都会因友善而消散。

性格友善的女人能得到别人的尊重，并不是因为她的漂亮耀眼、美丽动人。容貌是与生俱来的，很难改变。而友善的性格则是女人靠后天的修养所得到的一种独特的气质和涵养。

不斤斤计较、懂得宽恕的女人，别人才会欣赏她。如果一个女人能够认识到这一点，那她的人生就不会有那么多的抱怨了。有时友善也是一味良药，能够化解人们之间不必要的矛盾。总之，友善的女人拥有迷人的个性，由内而外散发出一种从容、祥和、自信和优雅的魅力。

友善的女人身边会有很多喜欢她性格的朋友，同时这种女人是自信的，她分分秒秒都散发着一个成熟女人的魅力，令人着迷。在重重困难面前，友善的女人不会逃避、指责他人，而是能够坦然地接受。她知道要在适当的时候选择放弃、包容。她们不会在与其他人的攀比中过日子，更不会整天跟在别人后面追赶潮流，因为她们是理智与冷静的。

有人说："当你把周围的人都看成天使的时候，你就生活在天堂里。反之，当你把周围的人都看成魔鬼的时候，你就生活在地狱里。"友善的性格使女人总是笑对人生，她们为自己选择了天堂这个美好的住所，并过得幸福。

如果你也想像她们一样，那么从今天起，做个友善的女人吧，就算不能面朝大海，但当你闭上眼睛时，你也就拥有了大海的胸襟，同时拥有的还有无形的人格魅力。

主动争取，大胆表达心声

女人或多或少都具有一种隐忍的性格：她们面对巨大的压力，会自己一个人默默地承受；她们往往有自己的想法，却埋在心里，不说出来；受了委屈，也只好偷偷把眼泪往肚里吞。这是因为一种"男尊女卑"的思想影响着她们的性格。而如今，早已跨入21世纪了，人们的观念有所改变，"女人也能顶半边天"的说法越来越被人所接受。所以，这时候，沉默不再是金，女人要学会主动争取机会，大胆表达自己的心声。敢于说出自己的想法其实就是一种自我推销的最佳途径。

有的女性在与人交往中，会由于各种原因而选择沉默，或是矜持，或是

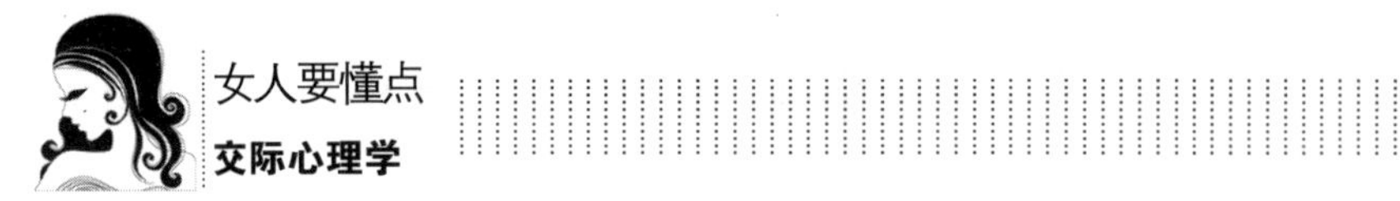

不好意思,或是不自信,或是不敢说。往往你那一瞬间的沉默会给别人一种错觉,认为你这样是默认的态度,他会以为你是认可他的。因此,如果你在一些问题上有什么好的建议,就要主动去为自己争取机会,大胆地说出来,别人才会了解你的真实想法,才会了解你的能力。所以在这个时候,女性千万不要保持沉默,要抓住机会表达自己的想法。

小万是刚到公司的新员工,大学刚毕业,正是"初生牛犊不怕虎"的年龄。有一次,在公司例行大会上,董事长表示自己手上有一个重要的企划案,希望在座的哪位拿去策划。同事们都面面相觑,你看我,我看你,面有难色,都不敢接这个"烫手山芋"。

小万刚开始觉得自己是新人,不敢抢同事的功。可是,在等了几分钟,还是没有人去接企划案的时候,性子急的小万坐不住了,腾地站起来:"我想试试。"董事长看见有人站起来接这个任务,露出微笑,但看见是一个才来的新员工,又是个女孩,显得很不放心:"你能行吗?"这可激起了小万的好胜心:"一定行,给我一周的时间,我会把它做好的。"

在下一周的公司例行大会上,董事长拿着一份企划案,赞许地看着小万:"你是最棒的!希望你继续努力,公司需要你这样的人才。"立即,会场响起阵阵掌声。

就是因为小万大胆地站起来,表达自己的想法,最终用实际行动证明了自己的能力,从而赢得了全公司的认同。

如果小万在会场上一直沉默,那么,她的能力就不会借这个机会得到展示。正是她大胆说出自己的想法,推销了自己,才让老板对她赞赏有加。如今的社会,人才济济,作为女性,如果你不把握适时的机会说出自己真实的想法,展现自己的能力,进行自我推销,那么你就会永远地埋没自己。俗话说:"酒香也怕巷子深。"说的就是这个道理,如果你是一个各方面条件都优秀的女性,就更要大胆地秀出来。

有的女性习惯矜持地生活,遇到别人问她吃什么,她习惯回答"随便",别人问她到哪里去玩,她的回答还是那两个字"随便",好像她的思想里只有"随便"这两个字。其实这时候,你应该抓住机会说出自己心里的真实想

法,也许在你的推荐下,大家会尝到一顿美味的佳肴,或者在你的带领下,大家会玩得尽兴。大家会发现,原来你也有多姿多彩的一面。如果你总是说"随便",你自己以为很随意,其实不是,你的"随便"让对方感觉有种负担,因为你没有把你真实的想法表达出来,让他觉得可能没有照顾到你的心思。所以,应该学会主动为自己争取机会,大胆地说出真实的想法,善于自我推销,这既会让对方感觉你很有主见,又不会亏待自己。

沉默在某些时候是非常具有价值的,但不是每一个沉默都有它的价值。所以,女性不要总是习惯性地把头深深地低下,要昂首挺胸,敢于说出自己的心声。而你的某些女性独有的魅力也是通过说话表现出来的,如渊博的学识、有魅力的谈吐、优美的声线。说话可以彰显你思想的深度,还可以表露出你除了外表以外的内在吸引力。女性应该抓住生活中的每一个机会来推销自己,学会用语言来表达自己的意见和想法,让他人更加了解你,进而对你产生信任,这是每一个女性推销自己的最佳途径。

像男人一样敢想、敢做、敢表现

虽然现代社会提倡"男女平等",女性在社会中处处受限制的状况已经改变,但是某些特定条件下,社会给男性的机会总是多一些,这使得女性要付出更多的努力,才能够被人们所认可。因此,在生活和工作中,女性要像男性那样来表现自己,才能成功地把自己推销出去。

从古至今,有许多伟大而优秀的女性被世人所称颂,她们的名字深深地刻在史册上,名垂千古,或许她们并不是有多么了不起,只不过她们做了被认为本来该男人做的事情。花木兰,本是一女子,却为了替父从军而扮作男

子，我们所称颂的除了她那份可敬的孝心，还有她的勇敢，像男人那样的勇敢；武则天，本是一个才女，却在历史的浪潮中被推上皇帝的宝座，或许你会说她有谋，但是有谋也有错吗？她不过善于像男人那样去表现自己；居里夫人，诺贝尔奖获得者，她甚至显得比男人还优秀，自己虽然取得了举世瞩目的成就，却淡泊于名利。比较优秀的女人都能够表现得像男人一样勇敢、坚强，甚至富于计划。

王文在一家广告公司上班，平时工作非常认真，人也比较聪明。在过去4年里，她一直在业务部工作，而做生意通常都是靠常年积累的良好的客户关系。她虽然在同一个岗位上工作了几年，也深得上司、同事的喜欢，但是却没有因此平步青云。最重要的原因就在于她不善于表现自己，总认为自己是个女性。每当公司有一笔大买卖需要洽谈的时候，上司向她暗示“你去吧”，但是王文却一再谦虚地推辞，表示以自己的能力无法胜任。而她的同事小刚才来两个月，却马上坐到了王文上司的位置。那是因为小刚对于公司的每一笔业务都自告奋勇地前去洽谈，就算是失败了，他也不气馁。而上司看重的就是小刚那种敢于自荐的勇气，于是决定重用他。

为什么王文在一个岗位上工作了几年，上司、同事也挺喜欢她，可职位就是一直原地踏步，没有提升？那是因为她局限在自己作为女性的表现方法，显得内敛，不善于表现自己，特别是不善于向上司推荐自己。王文的能力是很优秀，可能上司也欣赏她，但是上司更欣赏的是敢于自荐的员工。如果你敢于向别人推荐自己，那么在一定程度上就表示你是个有成功欲望的人。

如果你足够优秀，就要勇敢地表现出来，并不是说对方了解你的优秀就会重视你。想要得到他人的重视，就要敢于表现自己，哪怕是向他人表功。表功并不是骄傲的体现，恰恰是你能力的表现，如果你是真的做出了成绩，得到理应得到的重视也是无可厚非的。很多男性就善于在上司面前表功，所以他们的事业就能够“芝麻开花——节节高”。女性在这一点也要像男性一样，为了更好地表现自己，勇敢为自己请功。

女性要有自己的追求，拥有自己喜欢的一份工作。一些女性整天只想着吃喝玩乐，什么事都干不好，也没有什么追求。别人只会对这样的女人叹息。而男性有自己的事业，他们总是有英雄情结，从小就立志要做出一番事业。为了让男性对我们刮目相看，也为了社会对我们肯定，女性一定要有自己的追求。如果你没有职场女性的野心，那么你也要追求一些文学性、艺术性的东西，它会让你变得高雅，会培养你内在的气质。并不是所有的女性都一定要驰骋在商场上做出自己的一番事业，但是你至少要拥有一份自己喜欢的工作，可以施展自己的能力，并且你可以养活自己，使自己在经济上独立。

女性在待人处世上也要学会宽容、大度，说话做事一定要一诺千金。为什么总是用“不讲理、小肚鸡肠”这样的词语来形容女人？难道女人天生性子就是这样吗？其实女人并不是天生这样的。在日常交际中不要认为自己是女人，就要赖、不讲信用，不要认为自己是女人，就蛮横不讲理，不要认为自己是女人，就可以胡来。正因为你是女人，为了更好地表现自己，就要在交际中，展现自己优雅的一面。有时候，要忘记自己是女人，像男性一样去表现自己。时刻以一颗宽容的心去对待别人，要有一定的度量，更要讲诚信。像男人一样敢想敢做敢表现，你才能够更好地展现自己的能力。女人，不要总是埋没你的才华，学会大胆地表现自己。

温婉的女人最令人欣赏

温婉是女人独有的一种魅力，温婉性格的女子总是谈吐温柔，举止婉约，这种魅力不是来自女人的美貌，而是来自温婉女人自身的一种特质。这种特质是温婉女人与生俱来的，不禁让人沉浸在女人自身的深沉、文雅与娴

静中。“温婉”是魅力女性的另一个重要特质，这种性格的女人是最值得欣赏的。

温婉的性格能折射出一个女人的品质修养，它是一种风格，一种境界。温婉的性格是由女人的文化修养和先天性格共同凝集所致。它表现出女人的一种风情，一种智慧。温婉的女人像一阵清风，吹去人们心头的不安与烦恼。有一颗善良的心，有一个良好的修养，这是一个温婉的女人最基本的素养，内心的善良与包容是她们获得别人欣赏的制胜法宝。

性格温婉的女人，可以没有倾国倾城的绝世容颜，也可以没有世界名模的姣好身材，甚至可以没有优越的家境，但她们绝不会没有与世无争、闲适恬淡的处世态度。无论何时，温婉的女人都懂得用自己的宽容之心去包容世间的诸多不如意。安静，善解人意，宽容，善良，有爱心是温婉的女人所具备的品质，更是温婉的女人不可或缺的品位。

性格温婉的女人令人欣赏，是因为她们总是怀着一种从容、坦然的心情来待人接物。她们善于在纷繁琐事中温柔待人，善于轻松自由地婉约处事，温婉是魅力女人不可忽视的处世艺术。

那一年，小勤和丈夫离婚了，房子和儿子都判给了她，丈夫带着情人去了远方。拿着判决书和房产证，小勤来到房产局办理过户手续，但房产证的地址与判决书上的不一致，所以暂时办不了过户。匆忙离婚遗留下来的问题让她费尽周折——房子是丈夫以前的单位分的，而现在这个单位变成了私人企业，改了名，必须由原单位出具证明材料，才有可能办理过户。

小勤拿着判决书找到丈夫的原单位，接待她的那位刘姐正好认识她，说认识，不过是见过几次面，打过几声招呼而已。

小勤把要办的事简单地说了说，刘姐从桌上拿过一张纸，开始一字一字地写起来，不时抬头问问“这样写可以吗?”小勤站在旁边，偶尔问刘姐几句，无非是“现在住哪儿”“单位效益怎样”的简单寒暄。

写得差不多了，刘姐又拿出一张纸，要把刚才写的认真地誊写一遍。忽然有人敲门，推门而入的是一位小伙子，“刘姐，拿几张打印纸。”边说边走向刘姐。正在誊写的刘姐用左手轻轻地把判决书翻转过来，小勤一时没回过味儿来，只看到桌上的判决书变成了一张白纸。

小伙子走了，刘姐不动声色地继续写，她又把判决书翻过来，把自己写的和上面的一一对照。盖上印章，马上就要大功告成了。又是一阵敲门声，进来一位女同志，小勤一看，是丈夫原来的同事。小勤向对方问好，对方问："好长时间不见你了，你老公还好吧？""噢，好，还好。"小勤嗫嚅着，不知怎样回答才好，她怕接下去的谈话会触及心灵的伤痛。幸好那位女同志与刘姐简单说了几句就匆匆离去，小勤担心地看了看桌上——不知什么时候，那张判决书又变成了一张白纸。

小勤很坚强，没多长时间，她就从离婚的阴影中走了出来，然而，每次想到刘姐时，她还是会无声地淌下泪来。其实在内心深处，小勤对离婚这两个字还是很敏感的。她认为别人就是看到了离婚判决书也没什么，有什么大不了的。可就在那一刻，刘姐不经意的一个举动却让她的心微微发颤。是刘姐的温婉，不动声色地维护了小勤的自尊。也许只有女人最理解女人，刘姐无疑就是那种温婉的女人，那种让人从心底欣赏的女人。

性格温婉的女人懂得恰到好处地打点自己的生活，懂得提高自己的内在修养，更懂得如何为人处世，维护他人的自尊。温婉的女人外表不一定张扬但却一定富有她自己的独特格调，那感觉就像深夜绽放的昙花，香气清清远远袭来，沁人心脾。温婉的女人并不都是小家碧玉，历史上以温婉著称于世的女人不胜枚举。

才貌双全的王昭君，以自己的柔弱之躯，自愿嫁给呼韩邪单于为妻，此举不仅保证了当时边境的和平，更重要的是她给匈奴带去了中原文化，促进了当地经济、文化的发展，因此可称得上是天下第一温婉女人。

"花自飘零水自流"，一代才女李清照，用自己的满腹才华展现了世间的婉约之美。纵然到了的迟暮之年，这位才女仍不失其内心的温婉，信手写来的文字依旧能让人感受到人间的美丽宜人。

王昭君、李清照、宋庆龄，各个都是温柔婉约的女人代表，也各个都在政界、商界、文学领域叱咤风云，温婉的性格使得她们散发出属于她们自己独特的女人魅力，令人欣赏。

展现迷人的“阳光”个性

不是每一个女人都是漂亮的,但是每一个女人都有自己独特的魅力。她们用自己的迷人个性美丽着,为我们的世界打造了最炫目的风景线。每个女人的个性都是不一样的,却一样让人着迷,她们各自身上散发出来的迷人气息永远浸透着女人的灵魂,那是缕缕香气,弥漫开来,然后开出芳香各异、姿态万千的花朵,在红尘中尽情摇摆。

每个女人都有自己的个性,如同各种各样的花会散发出各种各样的气味。但是并不是每个女人的个性都是迷人的,大家所欢迎的是可以欣赏的、令人着迷的个性,而有的女人的个性则会让人敬而远之。比如有的女人是冷若冰霜,有的女人是忧郁哀愁,有的女人则是孤芳自赏。如果你的个性就是冷冰冰的,虽然可以增添你的神秘感,但是却没有人愿意来接近一个“冰美人”,如果你是忧郁型,别人也会对你敬而远之。《红楼梦》里的林黛玉就是忧郁的典型,而且性格也显得孤僻,与周围的人格格不入。所以大家宁愿喜欢有点心机的薛宝钗,也很少有人喜欢林妹妹。如果你习惯于孤芳自赏,就会给人一种距离感,你有的是傲气,那么你就一个人欣赏吧。没有哪一种个性是不好的,只是在某些时刻会有不适应的个性阻碍你的发展。所以,适时地收敛自己那不招人喜欢的个性,从而展现你迷人的“阳光”般的个性,就会增添你的魅力,帮助你更好地与人交流。

对于每一个女人而言,个性和漂亮是自己手里的两张王牌。如果你天生拥有姣好的容貌,那么再加上你独特的个性,就可以使你的魅力超群。如果你不漂亮,不要整天自我哀怜,与其这样,还不如学着拥有自己的迷人个性。女人的个性就是女人独有的品位和气质。在人们眼中，有个性的女人才是真正的女人，有个性的女人一定是迷人的，有时候，你的迷人个性甚至比漂亮更有杀伤力。做一个有魅力的女人，学会把自己迷人的阳光个性展现出来。

如果你是个神采飞扬的女人，那么就要展现自己的乐观自信。最重要的一点就是拥有积极的心态。一个乐观自信的人，常常会在与人交往中，不知不觉地感染着周围的人。没有哪一个人愿意和一位沉闷、忧郁、哀怨的女人接触，因为没有交流的乐趣可言，反倒会影响心情。积极的心态是具有吸引力的个性，它会影响你说话时的语气、姿势和面部表情，它会修饰你说的每一句话，并且在一定程度上影响你的情绪感受。当你与人交谈时，你的自信与乐观会随时影响着对方，你的不畏困难、坚韧的性格也会被他人所欣赏。他人会觉得与你相识、聊天，就像是在太阳底下打盹一样畅快。

如果你秀外慧中，如果你淡然宁静，如果你大气爽朗，那么就把这些“阳光”般的迷人个性展现出来。你的秀外慧中会为身边的人排忧解难，你的淡然宁静会给你带来犹如春风般的感觉，你的大气爽朗会让人眼前一亮。哪些是“阳光”般的迷人个性？那就是能够给身边的人带来快乐、带来愉悦、带来希望的个性。那些积极向上的心态，那些爽朗的性格，那些娴静的姿态，都是你迷人的个性。“阳光”一样的个性会让人喜欢，会为你增添几分魅力，甚至有时候它比美丽带给人的震撼更大。

有个性的女人越来越被人所推崇，也越发被人接受。有很多拥有迷人个性的女人甚至还成了女人的榜样。张曼玉的迷人气质“没有什么语言可以形容，一切表现雍容华贵的形容词都显得刻板，试想一个女人的魅力就是她那自然清新的从容一笑里凸显的山水灵韵吧”。于是，做有自己独特个性的女人成了许多时代女性的梦想。有很多女人在追求个性的道路上很容易走进误区，她们常常会随波逐流。在某些潮流的影响下，她们会认为专横跋扈就是个性，认为摒弃温柔而变得气焰嚣张也是个性。她们完全扭曲了自己的个性，也曲解了“个性”这个词本来的美好意义。每个人的个性都是一个不一样的闪光点，它会成为把你与其他人区分开来的标志显现。不要盲

目地追求那些流行的个性元素，而要把自己内在的、迷人的、阳光的个性展现出来，才能彰显你作为一个女人的魅力。

正直的女人别人愿意亲近

在女人诸多的美好性格中，正直一直备受推崇。古往今来，性格正直的女人散发的个人魅力总是备受人们推崇的。一个正直的女人，她在处理事情时总是秉公处理，绝不会为了自己的一点私利而徇私舞弊，这种正直的性格彰显了女人高贵的品德，使得无数人折服在她们坦荡的胸怀和豁达的作风中。

刘梅是北京一位普普通通的交通警察，她在交通这一领域工作了 8 年，一直表现优异。刘梅工作一直勤勤恳恳，决不疏忽懈怠每一次出警和巡查，最重要的一点是她知道做人做事要正直，要对得起自己头上的警徽。

有一次，刘梅驾车到郊外办事，在发现自己在限速 40 千米每小时的道路以时速 55 千米驾驶后，她当即给自己开了一张违章驾驶的罚单，并扣了自己 2 分。还有一次，刘梅的弟弟违规停车，她毫不留情地给自己的弟弟开了一张罚单，并把车拖走。她说："他是我的弟弟，我的亲人，但他做错事我也一样要按规定来处罚，不能因为我是交警而网开一面。"

女人不管遇到什么情况都要保持一颗正直的心，像刘梅一样公私分明。也许有的女人没有什么过人之处，但在社会中，正直的性格足以让女人显得异常可贵。正直的性格可以为平凡的女人插上不平凡的翅膀，时刻保持正直的心境，可以让女人散发出无穷的人格魅力，这种魅力会使周围的同事、朋友纷纷折服于她。

一个正直的女人是一个有勇气、坚持正义、坚持自己信念的人，良知是她的心灵源泉。正直意味着面对充满诱惑的利益时，女人仍然可以坚贞不屈，不去贪求不属于自己的财富。如果你凭着自己正直的性格让人从内心认可你、信任你，那么你就拥有了一种别人无法比拟的魅力，这种魅力会让他人更加信赖、尊敬、钦佩、敬仰你。

河南省登封市公安局局长任长霞是一位极其优秀的警察，她的正直，使得当地人民非常敬爱她。她毕生忠实地履行"立警为公、执法为民"的神圣职责。作为一位公安局长，任长霞无疑面临着钱、权、法的考验。自入警以来，她从事的都是有一定权力的工作，总是有人通过直接、间接的关系来接近她，给她送去金钱、物品，但她一直坚定着正直的品格，不为金钱所惑，面对这些利益她全部婉言拒绝。

2001年4月23日，她从一封平常的群众来信中了解到，松颖避暑山庄老板王松纠集家族成员、"两劳"释放人员在白沙湖一带，横行乡里，敲诈勒索，致使上百人受到伤害，7人丧命，民怨极大。她决心挖掉这颗毒瘤。4月29日，王松手下的爪牙因参与作案被抓获，王松企图以钱开路，打通关节，救出这几个"弟兄"。5月1日晚，王松来到任长霞办公室，随手甩出一沓钱放在桌子上说："手下人捅了篓子，请任局长高抬贵手，网开一面。"任长霞严词拒绝，并将计就计，与民警将王松一举擒获。

在侦破"1·30"案件时，任长霞途中发生车祸，随即被送往郑州市中心医院抢救，经过4个小时的紧急抢救，终因伤势过重，不幸因公殉职，但是任长霞局长正直的品质永远留在了人民的心中。

人生旅途中到处充满着诱惑，在诱惑面前仍能坚持自己的信念，仍能遵从良知的人才是真正具备正直品格的人。正直意味着女人要具有道德感并且遵从良知，违背良知，正直就无从谈起。正直可能会让女人失去很多眼前既得的利益，但是这种失去是暂时的，并不会影响自己的未来。真正拥有正直性格的女人知道，自己得到的远远比失去的多，而且自己得到的尊敬、信任是金钱买不到的，这才是女人真正的人生财富。

有一位护士刚从学校毕业去了一家医院实习，实习期是一个月。一个

月后她如果能让医院满意就可以得到这份工作，否则就只能离开。一天，医院接收了一位因车祸而生命垂危的病人，她被安排做主刀医生的助手。手术从清晨进行到黄昏，眼看患者的伤口即将缝合，这位实习护士突然对主刀医生说："医生，我们用了 12 块纱布，可你只取了 11 块。"

"不可能，我已经取出了全部的纱布，立即缝合吧！"主刀医生镇定地说。

"不，绝对不行。"她严肃地说，"我记得很清楚我们是用了 12 块纱布。"

"缝合！"主刀医生没有理睬她。

"你是医生，正直是医生的第一法则，你应该为病人负责，不可以这样做！"她几乎叫了起来。直到这时主刀医生严肃的脸上露出了欣慰的笑容，他举起手中握着的第 12 块纱布，说："你是我最合适的助手，你的正直值得每一个人学习。"

这位实习护士理所当然地获得了这份称心的工作，并在此后的工作中，凭借自己正直的品格得到了大家的认可和赞誉。

女人要知道，在自己的一生中会面对各种各样的考验，拥有一颗正直的心才能使你在各种考验面前泰然自若，并顺利通过。正直的女人时刻都会坚守自己的良知，因此能够经受住各种考验而不会令人失望。正直本身具有令人折服的魅力，做一个正直的女人吧，用你的魅力令人折服。

性格果断的女人多出类拔萃

果断，是一种性格，也是一种成功者才有的气质。果断的性格会让女人事半功倍，这是因为性格果断的女人做事有一种雷厉风行的习惯，她们行事果敢、当机立断，把握时机后就尽全力去做，用最少的时间和精力把事情做到尽善尽美。

马莉从一所普通的大学毕业后，兴致勃勃来到人才市场求职。整个会场人头攒动，她转了一圈，发现有一家很不错的公司展台前竟然人很少，这与其他展台的热闹形成了鲜明的对比。百思不得其解的马莉走过去一看，暗自吃了一惊。原来，招聘启事上写得很明白，所招的几名业务员只要名牌大学毕业生，还必须有两年以上的工作经验。条件如此苛刻，难怪大家望而却步。

马莉转身想走，但转念一想，这工作挺有吸引力的，他们不就是招聘普通员工嘛，不试一试太可惜了。于是马莉打定主意，果断地走上前去应聘。她径直来到应聘桌前，主管招聘的人指了指招聘启事问她："我们的要求你看过了吗?""看过了，不过有点遗憾，我一来不是名牌大学毕业，二来没有工作经验。"马莉不慌不忙地回答。那位主管把马莉打量了好半天，才说："那你为什么还来应聘，不怕吃闭门羹吗?"马莉微微一笑，说："主要是因为我热爱这份工作，虽然我没有工作经验，但我觉得我完全有这个工作能力。学历只是能力的一种参考！但绝不是唯一的条件。经验是在工作中积累的。"马莉停了停，又接着说："如果我具有你们所要求的那些条件，我就会来应聘主管的职位。"

那位主管笑了笑，竟出人意料地收下了马莉的简历。更让人惊奇的是，第三天马莉就接到通知，她被录用了。马莉问及原因，主管说："那些招聘条件只不过是故意设置的门槛，谁有挑战这一门槛的勇气和果断行事的作风，谁就是我们所需要的。"

很多时候，绊住我们脚步的，往往不是我们的实力，也不是那些所谓的条件限制，而是自己的勇气。马莉敢想，更敢做，她果断的性格帮助她得到了很多人都期盼的工作。纵观历史，我们不难看出，那些性格果断，能够迅速做出决定的人从来都不怕犯错误，对他们来说，哪怕判断失误，做错事，也比那些只会逃避的懦夫强。有些女人担心自己会做错事而一直犹豫要不要付出努力，就像那些站在小溪边不敢下水游泳的人，她们永远都无法达到胜利的彼岸，永远都无法摘取胜利的硕果，她们太过优柔寡断，并且需要改变

她们犹豫不决的性格。

如果你做事犹豫不决，就应该从现在开始，坚决改正，不要让它成为你成功路上的绊脚石。如果有一天，果断的性格、当机立断的作风已经成了你的一种习惯，这时你就会发现你已经是个无比自信、无比幸福的人了，美好的人生也就在你眼前了。

一个初学打猎的年轻人跟随自己的师父到山里去打猎。没走多远就发现两只兔子突然从树林里蹿了出来，年轻猎人很快就取出了自己的猎枪。两只兔子朝着不同的方向跑去，年轻猎人一时间不知该瞄向哪只兔子，想打这只兔子，又怕那只兔子跑了，猎枪一会儿瞄准这只，一会儿又瞄准那只，就这样犹豫不决，结果两只兔子都不见了踪影。年轻猎人感到十分沮丧。

当鱼和熊掌不能兼得之时，女人必须果断做出决定，抓住时机，马上出击。常言道：一鸟在手，胜过双鸟在林。当机遇在你面前出现时，千万不要犹豫，因为机遇稍纵即逝，倘若犹豫不决，患得患失，只会错失良机，就像这个沮丧的年轻猎人一样。

女人在遇到问题的时候，并不是对问题的本身不能理解，而是缺乏一种果断下决定的气魄，女人很容易被周围人们的闲言碎语所动摇，她们瞻前顾后、患得患失而使自己永远拿不定主意。我们一定要提醒自己：做事不要犹豫，要当机立断，自信地面对每一个机遇。

果断的性格是事业成功的关键，几乎每个事业成功的女人都能迅速对某件事情做出决断，而失败的女人在做决断时，通常犹豫不决，拿不定主意。果断的性格能帮助女人把握时机，找出当前面临的最迫切的问题，并逐一对问题做出决定，获得事半功倍的效果。不要担心自己的判断是否正确，要知道，不管做出什么样的决定，总比不做决定要好。女人在独立思考时，一定不要被别人的意见所左右，要相信自己的判断，只要自己认准的事，就全力以赴去努力。

乐于助人是女人的可爱天性

乐于助人的女人总是会被冠以可爱女人的称号，因为她们的大方、热情总是能感染身边的人。面对别人的难处，她们不会选择冷漠的无视，相反，她们会倾尽所有去帮助别人摆脱困境，丝毫不在乎自己是否得到了好处，或者利益是否受到损害。

大方、健谈，是东湖中学高三应届毕业生张孟苏给人的第一印象，她的成熟与干练更与18岁的年龄显得极不相符。张孟苏高考考了445分，这个分数只能上个二类本科学校，但新加坡一所大学却在一次面试之后就预录了她，还给了她20万元的奖学金，而这一切都是乐于助人的性格给她带来的机遇。

高考结束后，张孟苏到武汉大学参加一场招生咨询会，不巧下了暴雨，赶到时招生人员已在撤展了。西南大学的一位女老师在拆雨篷，因为个子矮，显得十分吃力，一向热心助人的张孟苏见状就走过去帮她的忙。这个不经意的举动被坐在一旁的一位来自新加坡的老师看到了，张孟苏准备离开时，那位老师叫住了她，并约她到酒店参加新加坡学校的初试。张孟苏最终得到了这次额外录取的机会。

主动与人交往、互助与合作、乐于助人，是高素质人才应该具备的素质。张孟苏被新加坡老师“发现”，表面上纯属偶然，但背后蕴藏着必然：许多学生根本不注意培养主动帮助他人的习惯，而张孟苏有这样的好习惯，才能在关键时刻发挥出自己的魅力，得到表现自己的机会。

有乐于助人性格的女人内心总是快乐的，因为她们不会整天把自己摆

在第一位,不会烦恼自己是不是损失了什么。她们心中装着更广阔的世界,热心肠的女人最明显的特征就是善于活动、长于交际。这种女人能够迅速和周围的人建立起融洽的关系,她们会帮助那些遇到困难的人,并且很积极地和他们沟通。俗话说,添砖加瓦不如雪中送炭,对施助者来说,帮助别人也许只是一件小事不足挂齿,但对被帮助的人来说,这种关怀无异于冬日里的一杯温水,暖人心怀。在他们眼中,乐于帮助人的女人是美丽的,更是可爱的。

生命像回声,女人送出什么它就会送回什么。帮助无助的人,播种下爱女人自然就会收获爱,你给予什么就得到什么。你想要别人是你的朋友,首先你应是别人的朋友。心要靠心来交换,感情只有用感情来交换。

作为一个特殊家庭的顶梁柱,于大姐虽然是残疾人,但她的生活却很充实、很有意义。"人人为我,我为人人",这样的理念使她在自己人生的道路上迈着坚实的脚步。虽然她身体残疾,却一个人承担着家庭的全部重担,每天都要做饭、洗衣服,收拾房间……为了勤俭持家,她勤于理财,生活上从不与人攀比,一件衣服要穿上好几年。她的丈夫、女儿受其感染从不乱花一分钱。一家三口过着和睦幸福的生活。就是这样一个家庭,在别人需要帮助的时候,他们却总是慷慨解囊,乐于助人。每一次救灾扶贫活动,于大姐都拿出超出寻常家庭的捐赠。特别是四川遭受特大地震以后,于大姐一家更是情系灾区,她第一个来到社区,拿出100元钱和两条新棉被捐献给灾区。这些钱和物,对于一般家庭来讲,也许算不了什么,可对于这样一个残困家庭,却是从嘴里省出来的积蓄。她不但自己积极捐款,还主动协助社区发动志愿者们奉献一片爱心。连续几天,她都和社区工作人员在一起默默无闻地工作,感动了周围的人群。一次,邻居家的自来水管冻裂了,跑漏的自来水在过道上结了一层冰。于大姐怕有人滑倒,伤着身体,便从家里拿出斧子,拖着残疾的身子,一下一下砍着冰。她的行动感动了邻居,大家纷纷帮忙,修管道的修管道,砍冰的砍冰,一个团结互助的景象展现在社区。于大姐还经常帮助那些需要帮助的人,一次上街买菜,她看见一位近80岁的痴呆老人,手里拿着1元钱硬要买人家6元钱的东西,双方争执不下,她走过

去掏出自己买菜的5元钱交给对方，解决了这场“纠纷”。于大姐助人为乐的事情，连她自己都不记得做过多少。有人说她傻，有人笑她痴，但于大姐并不在意，她很乐于做一个帮助别人的人。于大姐常说，我经常受到别人的帮助，所以我也要用自己力所能及的力量去帮助别人，这样我们的国家才能越来越好。

乐于助人的女人明白，把别人的忧虑当成自己的忧虑，别人也会忧虑你的忧虑；把别人的快乐当成自己的快乐，别人也会和你一起快乐。你帮助别人，别人也会帮助你；用道德对待别人，别人也会用道德回报你。帮助别人就是帮助自己，成就别人就是成就自己。相反，伤害别人就是伤害自己，诽谤别人就是诽谤自己，苛刻别人就是苛刻自己。

得到大多数人帮助的人，成功就大；得到少数人帮助的人，成功就小；得不到别人帮助的人，只有失败，没有成功。希望获得别人帮助的人，首先要帮助别人。与人方便，才能自己方便。正是这种最朴实的思想，让乐于助人的女人得到了“最可爱的女人”的称号，这也是一种个人魅力的体现。

肯吃亏的女人有好人缘

从前，有一条大河，河水波浪翻滚。河上有一座独木桥，桥很窄，仅用一根圆木搭成。有一天，两只小山羊分别从河两岸走上桥，到了桥中间两只山羊相遇了。但因桥面太窄，谁也无法通过，而这两只山羊谁也不肯退让。结果，两只山羊在桥上用角顶撞起来。双方互不示弱，拼死相抵，最终双双跌落桥下并被河水吞没了。

这则寓言看起来很简单，却蕴含着“径路窄处，留一步与人行”的道理。很多女人喜欢占小便宜不喜欢吃亏，其实吃亏并不是一件坏事。面对狭窄的路口，不妨让别人先行，自己退让一步。表面看来，自己是吃亏的一方，但实际上，吃亏是福不是祸。如果彼此都不相让，势必会两败俱伤，倒不如稍作退让，自己退一步让人先走，那么自己也就相当于有了两步的余地，可以轻松走路。两相对照，自然是吃小亏享大福了。

有一位在美国留学的计算机博士，一时难以找到工作。没有工作，生计没有着落，这个滋味可是不好过。他苦思冥想，决定收起所有的学位证书，以一个低学历的身份去求职。一家公司老板录用他做程序输入员。这工作对他来说简直是大材小用。不过，他还是一丝不苟，勤勤恳恳地工作着。

不多久，老板发现这个新来的程序输入员非同一般，他竟然能看出程序中的错误。这时，这位小伙子掏出了学士证书。老板二话没说，立刻给他换了个与他的学历相对应的职位。又过了一段时间，老板发现他时常还能为公司提出许多独到而有价值的见解，这可不是一般大学生的水平呀！这时，这位小伙子又亮出了硕士学位证书，老板看了之后又提升了他。

他在新的岗位上做得很出色，老板觉得他还是与别人不一样，业务水平极高。于是，老板把他找到办公室，对他进行询问，这时，这位聪明的小伙子才拿出他的博士证书。

老板这时对他的水平有了全面的了解，便毫不犹豫地重用了他。这位博士终于获得了成功。这位博士的点子好就好在以退为进，看上去是降低了自己，好像吃了亏，但是他自己明白，身处低位，被人看轻不要紧，一旦有机会，就可以大放异彩，展露才华。相反，如果他不肯放弃博士的头衔，不愿意吃亏当个小员工，一开始应聘时就亮出博士证书，容易被人看高，期望值过高，反倒容易引起失望。

女人如果想像这个博士一样在社会上走出一条路来，那么就吃点小亏吧。放下你的学历、放下你的背景、放下你的身份，让自己回归到“普通人”。不在乎别人异样的眼光和批评，做你认为值得做的事，走你认为值得走的

路，你终会得到你想要的。

古代有一个商人来到某水乡小镇推销金鱼缸，金鱼缸造型精巧，工艺精细，但是却没什么人买。于是，商人找到一个卖金鱼的老者，以低价格向老者买了500条小金鱼。第二天上午，商人让老者带着金鱼跟他一起走，他们来到一条穿镇而过的小渠上游。老者按商人的吩咐，把500条小金鱼全投入小渠里。

下午，一条消息传遍整个小镇：水渠里，不知从哪里来了一群漂亮又可爱的小金鱼！镇上的人争先恐后地拥到水渠边，小心翼翼地寻找、捕捉小金鱼。捕捉到小金鱼的人，兴高采烈，立马去市场买金鱼缸，那些还没捕到金鱼的人，也纷纷拥去市场抢购鱼缸和金鱼。大家都这么想：既然水渠里有金鱼，虽然今天捉不到小金鱼，但是总有一天能捕到的，就是捕不到，也可以买来养，那么鱼缸总能派上用场。因此，养小金鱼成了镇上人的时尚与喜好。

卖鱼缸的商人把鱼缸的价格抬了又抬，几千个小鱼缸很快被镇上的人抢购一空，那老者的生意也跟着火了起来。

聪明的商人从金鱼缸想到金鱼，一开始放掉500条小金鱼好像吃了天大的亏，但镇上的人抓到金鱼就会想到买金鱼缸。小金鱼是道具，卖出金鱼缸才是商人的目的。商人表面上是吃了大亏，白白浪费了500条小金鱼，实际上他是利用人的好奇心理为自己谋求利益，镇上的人抓到小金鱼，肯定会买鱼缸供养。由此，这个商人轻易地把自己的金鱼缸销售一空。

商人的这种"吃亏"的销售技巧，包含着审时度势的大智大慧。鉴于此，女人不要为了一点鸡毛蒜皮的小事与人争吵不休，要学会培养自己"肯吃亏"的性格。吃亏是福不是祸，古人常说"退一步海阔天空"，适时的退让是为了让女人能走得更远。肯吃亏的性格能让女人主动向后退一步，却会因此获得更多的利益，拥有更加广阔的发展空间。

可以骄傲，但切忌自负

俗话说："事可以做大，话不能说大；官可以做大，人不能做大。"每个女人都要学会时刻提醒自己：可以骄傲，切忌自负。你在骄傲的时候，要做到不要太自负，才可能获得成功。有时候，你可能会因为自己做出点成绩，获得了别人的信任、赞赏，而在成功的喜悦中也显得飘飘然起来，浑然忘记了自我。于是你就开始指手画脚，甚至把谁都不放在眼里，恃才傲物。这恰恰会成为你处世的一大弱点，你的自负会让看重你的人失望，也会让很多人对你产生嫉恨，那时候，你就是"孤家寡人"一个。而你的自负会让你甘愿在原地踏步，不思上进，于是你很快就会使自己陷入比较难堪的境地。

作为一个女人，在日常生活中也有很多值得骄傲的时候：找了个既帅又有财力的男朋友；因为穿着时尚成为公司里永远的领潮人；击败所有的同事得到老总的青睐。这些都足以让我们的精神达到最高兴奋点，也成为我们骄傲的资本，于是满脸春风。其实，人逢喜事精神爽，这是合情合理的，人难免会骄傲一下。但是，如果你骄傲得忘了形，那么就会"马失前蹄"，如此是毫不值得的。因为女人在骄傲自负的时候，常常会暴露很多缺点，这些缺点和弱点可以让人有可乘之机，导致自己处于失败的境地。有时候，你的"自负"会为你带来致命的一击。

在动物的世界里有这样一则故事。有一匹小马悠闲地躺在河中心，它一边舒服地享受着河水的清凉，一边沐浴在五颜六色的阳光里，显得十分惬意。可是，河岸边的一只老虎正虎视眈眈地望着河中的小马，却不敢轻举妄动，因为老虎不知道水的深浅。小马看见老虎在那一动不动，还以为老虎怕水不敢吃它。于是小马骄傲地站起来，老虎看见了，哈！原来河水这么浅，只及小马的膝盖！于是，小马立即成为了老虎的一顿美餐。

原来河水这么浅,是小马自己暴露给老虎的!

小马本来是自在地享受自己的乐趣,面对老虎的只观不扑也显得很侥幸,甚至心里以为老虎不敢吃它。于是,它自负地从水中站起来,本想在老虎面前炫耀一下,没想到就是那一站,暴露出自己最致命的弱点,于是把自己的命也丢了。

生活中也是一样,有的女人在骄傲的时候便忘了形,只管自己,不管别人,并且以自我为中心,心中只有“我”。这样的女人往往会因为骄傲就觉得自己想干什么就干什么,一点也不会在乎周围的世界,也不在乎别人的感受,更不在乎别人会怎么说,大有一副“天下唯我之大,天下唯我之狂”的样子,其实这样往往会为自己招来不少白眼和嫉恨。“雁因视己轻而飞得更高,海因视己低而纳百川”,虽然自己有些成就,但还是要时刻提醒自己,在任何时候都不能忘乎所以、骄傲自负。

有人说:“人生苦短,不如意之事常八九。”如果你真的有扬眉吐气的事情,那么你骄傲一下也没有关系。但是骄傲与失意往往一线之隔,你可以有短暂的喜悦,但是不要骄傲自大,无所顾忌。有的女人取得了一些小成就,便会忘记了自己的位置,而去抢别人的风头。“骄傲而自负”往往是你乐极生悲的开始。人在骄傲的时候常常容易自负,这也许是人的某种本能的表现。而很多女人一旦得到了赞许,便会自我感觉很好。因为骄傲,把自己看得至高无上,晕晕乎乎难以辨别方向。人生最大的悲哀就是无法找到理应属于自己的位置,而强占不属于自己的位置。可能你会在短时间内得到你梦想中的东西,如虚名、荣耀,但是这样的好景不会长久,一旦因为自己的自负而失去这一切,你又该怎么办呢?

女人在骄傲的时候很容易自我感觉很好,虚荣心也会极度地膨胀,甚至会眼高于顶,无视别人的存在。其实正是女人这样的想法给自己带来了不良的后果。女人要记住:今天的自负就是明天的失意,为了明天不失意,自己就不要因为骄傲而自负。人是可以骄傲的,但是不能自负。与其因为骄傲自负而无人问津,还不如谦逊行事,这样自己也可以有一个好结果,自己也能在众人面前落一个好口碑,在人际关系中获得别人的认可,俘获他人的心。

率真的女人魅力无法抵挡

每个女人都有不同于别人的风情，有的优雅婉约，有的楚楚动人，有的精明能干，有的冰雪聪明，也有的女人温和如风、柔美可爱，然而率真的女人最让人心驰神往。人们和率真的女人交往，往往是心灵、灵魂的交流，率真的女人从内而外散发出一种自然纯情的性格魅力，而这种魅力是没人可以抵挡的。

并不是所有的女人都会拥有率真的性格，那些不够率真的往往是那种不善于与人交流的女人，她们害怕别人会洞察她们的内心，害怕自己做的事不够完美，因此不能做到天真率直。

“我有一个关系很好的姐妹，我特别喜欢她率真的性情。”内向的小丽说起自己的好姐妹，脸上带着淡淡的笑容，“要说她的长相，也许要怪上天太不公平了吧，矮矮的个子，黑黑的皮肤，还有小小的眼睛，她是最不起眼的那种女孩，然而她却是在我们玩得最亲近的几家子女中，我们都喜欢的一个。她落落大方，敢发表自己的观点，亲和每个人而不露矫情。”有一次小丽问她：“准备找一个什么样的男孩?”她说：“找一个爱我多一点的吧，你看我这长相。不过，他找了我好啊，至少他大可放心地做自己的事情啊，你说对不，嘻嘻。”一脸大方而自信的笑。小丽有时也向她请教问题，她叽叽喳喳，但总能站在问题的另一面帮助解答。她是一只生长在平淡中的阳雀，自然纯真而热爱生活，她的内心有用之不尽的阳光，人们都喜欢和她亲近。

率真的女人也许不漂亮，但她浑身散发出的那种真诚透明的气息却是最打动人的。率真的女人有时候显得很憨，她没有心计，心直口快，有时候会在无意中得罪人，也会不留神跌入别人的陷阱。可她并不知晓，一如既往地关心别人，弄得别人也被她的这种率真所感动。率真的女人很可爱，她的可爱来源于她的透明。在人与人日渐疏远的现代社会，每个人都把自己藏得很深，生怕被别人看出什么。而率真的女人却坦坦荡荡，洒脱开朗，让人容易接近且不觉得累。率真的女人心态很健康，她的健康来自她对人的真诚。她不以小人之心度君子之腹，不去算计别人。她乐于帮助别人，与人为善，不会为一己私利斤斤计较。

雯雯是一个率真的女孩，很多朋友都喜欢她直率的性格。她喜欢讲话，不管是自家的，还是别人家的，都爱拿来评说，评说中，总加入自己无限的关怀，看不出些许的嫉妒。爱说也给她带来过麻烦，可人们最愿接受的人还是她，因为她是一个透明人儿，不会像蚂蚁偷偷咬你一口。工作中的她，勤奋肯干，对新事物、新任务特别爱学习和了解，发现有什么不对就直言相告，喜怒哀乐全在脸上。领导误解过她，同事也有过微词，在她看来这些都是一些小事，她坦坦荡荡，落落大方，一如既往。

率真的女人很快乐，她有什么就说什么，想做什么就做什么，在乎自己的感觉不在乎别人的目光。她的内心是明亮的，内心明亮的女人没有不必要的忧愁。率真的女人还有些孩子气，她轻松明快不故作深沉，她心里没有杂念，保持快乐的心态。这样的女人即使活到80岁依然童心未泯，充满活力。率真的女人是那种男人和女人都喜欢的人，与率真的女人在一起，你的世界会变得很豁亮，很明净。

说到率真性情的女人，想来《红楼梦》中的林黛玉是一个最为天下人爱怜的女人。在大观园中，林黛玉是一个只知道信从自己的感情，而不知道顺应世上人情的人，越是在卑躬屈膝的环境中，她就越坚持自己的人格尊严。即使处在孤独无依和寄人篱下的境地之中，她仍然保持着自己率直纯真的性格。在大观园里，林黛玉同薛宝钗的八面玲珑、面面俱到不同，她是轻灵卓异，孤高自许，目无下尘，爱恼就恼，爱说就说，我行我素，一往纯真，毫无矫饰，即便是在贾母和王夫人面前，也从不说一句言不由衷的话。黛玉个性中最突出的一点就是率真，从不“做面子”“徇人情”。

林黛玉不怕得罪任何人，薛宝钗不止一次被她讥讽过，史湘云被她惹恼过，忙于夜赌的老婆子被她揭穿过……她好像就不知道世间还存在谁不该得罪的问题。一切都根据她生性的好恶，凭着她感情的流转，毫无顾忌地任意而行。她心里想的也就是口中所说的，而口中所说的又常常是别人所不肯说的生活中的真相。这样，她便在大观园中给人留下了尖酸刻薄的印象。脂砚斋曾感叹"世人原宜假不宜真也。谚云：一日卖了三个假，三日卖不出一个真。信哉！"在那样的社会背景下，林黛玉一往纯真的"真"性格尤为可贵。

林黛玉有一颗玻璃一样纯清、透明，不能曲折、碎裂的心，她许多行为的背后都贯穿着这种独立自由、天真率直的自然人格。"木强则直"，黛玉这种性格，虽然有些小气、敏感，但就是这份率真使她得到了贾宝玉的爱情，得到了所有《红楼梦》读者的喜爱。

第5张牌

不求舌绽莲花，但也别说糊涂话

一个不美丽的女人可以因为甜美的嗓音而备受喜爱，然而一个既美丽又有动听的声音的女人，似乎已经拥有了足够的先天优势，却可能因为说出一些糊涂话而使自己陷入难堪的境地。言语是人和人之间最直接的沟通方式，千万不可随意说出一些不负责任的话。想要人见人爱，说话前一定要三思，口无遮拦是社交中的大忌，想必你也不愿意因为几句“戏言”而戏要了自己吧？

巧妙说话让你人见人爱

并不是所有的女人都能把话说好。有时，你想说，而又不能说；想说，而又不该说；而有时，想说，却又不会说。一个善于说话的女人，可以流利地表达自己的意图，把问题说得清楚、明白，使别人乐意接受，成为人群中的焦点。而有的人满口胡言乱语，废话连篇，让人内心生厌。同样是说话，但是产生的效果却截然不同。会说话的女人能够通过说话让别人喜欢上自己，不会说话的女人却因为话说得不妥让别人讨厌自己。那么，这两者之间到底有什么差别呢？差别就在于一个人能否巧妙地运用语言。

言语是与人交往时必不可少的内容，也是一门艺术。女人想要吸引对方，让自己成为周围人的焦点，就要注意说话时的态度、措辞，顾及周围的环境、场合，但更应该注意所要讲的谈话内容。因此，女人与他人谈话时，要注意说话技巧和分寸，利用巧妙的语言给自己和他人营造快乐。

精心修饰的语言能够产生巨大的魔力，与他人沟通时，你可以将自己的语言变成一根魔杖去影响你身边的人，让他们对你产生浓厚的兴趣并被吸引到你的身边来。那么，想要成为别人第一眼就喜欢上的女人，应该如何驾驭自己舌头，如何修饰自己的语言，让它发挥最大的作用呢？

(1)说话之前先弄清别人的想法，再表达自己的看法

世界上的每个人都有各自衡量事物的标准，比如，有的人以高为美，有的人以瘦为美。也许在你看来自由自在的生活胜过一切，然而，也许有人认为整天忙碌而充实的生活才是最美好的人生。当你面对别人，想利用自己的语言来打动对方的内心时，先弄清对方的意思才是最重要的。然后，运用

对方喜欢的方式进行交谈。这样做有利于双方建立共同的认知,可以快速获得对方的好感。

(2)表达自己的意思时多使用积极向上的词汇,营造轻松愉快的语言环境

女人经常使用的语言可以反映其对生活的感受,同时还可以影响我们生活的观点。如果与人交谈时我们经常使用充满激情活力的词汇,不仅可以使自己体会到生活的乐趣,还可以影响周围的人对生活充满信心。相反,一个经常把泄气的话挂在嘴边的女人,她的生活肯定不会太乐观,同样也会给周围的人带来压抑的感觉。相比较而言,一个活力四射、充满希望的女人,在人群中更容易感染他人,受到他人的爱戴。因此,女人想要人见人爱,可以尝试运用振奋人心的词汇来修饰你的语言。

(3)运用幽默的语言创造轻松愉悦的谈话氛围

美国学者特鲁说过:“幽默是一种能力,一种了解并表达幽默的能力;幽默力量是一种艺术,一种运用幽默和幽默感来增进你与他人的关系,并改善你对自己作真诚评价的一种艺术。”很多时候,幽默可以很快地化解人与人之间的拘束感,增进人与人之间的友谊与感情。一个说话幽默的女人,所到之处必定是一片欢声笑语。女人如果想让自己广受欢迎,可以试着让自己变得幽默起来,这样跟别人交流的时候,适时的幽默可以令人感受到活泼欢快和轻松自如,也可以使生活充满热情与甜美。

其实,一个富有魅力的人很大程度上是因为他们能够运用语言给他人提供精神方面的激励,从而让别人喜欢上他们的思维方式和表达方式。一个富有语言魅力的女人,可以使别人从贫乏的思维和枯燥的语言中转变过来,从而产生愉快的心理体验。

因此,女人在与他人沟通的时候,要学会运用语言的魅力来改变并增加自己的感染力与吸引力。只有这样才能让自己在人群中成为万众瞩目的焦点,受到周围人的热情欢迎。女人在使用语言时如果能够做到以上几点,那么,你还会为如何成为快乐的焦点而发愁吗?

聪明女人别把话说太满

俗话说："人情留一线，日后好见面。"生活中很多事情都是一样的，说话也一样，最好是为自己留一些余地，否则日后定会后悔莫及。当我们对自己所说的话无法全面把握的时候，尽可能地为别人留一些情面，切忌把话说得太绝了，这样就没有给自己留后路。多给自己留一些余地，这是比较妥当的做法。因为你不可能以后所做的每件事都是完美的，"狡兔有三窟"，更何况是我们。所以，说话要适当地给对方一个台阶，也给自己留一条后路，这样，你才会在交际中能够做到人见人爱。

有这样一则寓言故事。一只狼在山上寻找猎物，突然发现了一个山洞。狼经过仔细观察，发现山里的很多动物都从这个山洞经过。看着一只只肥硕的山羊从这里经过，又来了一只鹿，狼不禁口水直淌。怎样才能吃到美味的鲜肉呢？看着这个黑黑的山洞，狼不禁想到了一个好主意。为了把那些小动物们都装进自己的口中，狼决定把山洞里除了洞口以外的所有通道都封死。于是，狼就隐藏在洞口的阴暗地方，等着动物自投罗网。狼在那等啊等，等了很久，才听到有轻微的脚步声传来。狼一下子从黑暗中跃出来，却不料，冒出来的是一只老虎。看见老虎咆哮着冲过来，狼吓傻了，开始横冲直撞，可是，除了洞口所有的通道都封住了，而老虎就在洞口。最后，狼成了老虎口中的美食。咽下最后一口气之前，狼还在懊悔，但是后悔莫及。

狼正是因为没有为自己留一条后路，所以才把自己推入深渊。在日常交际中，说话也是一样的，不能一句话就把别人噎死了，学会在适当的时候给别人一个台阶，退一步海阔天空，这样做不仅对别人有利，对自己也是极为有利的。现代社会，人情交往占很重要的地位，社会日新月异，而人情世

故的变化速度更快。俗话说:“三十年河东,三十年河西。”你能知道你以后会是什么样子吗?估计等不了三年,人们就会出现此消彼长的变化。由于生活和工作的需要,“低头不见抬头见”,如果你当初把话说得太绝、太满,现在一旦发生了不利于自己的变化,就很难有回旋的余地了。

女人在朋友、亲人、同事,甚至是陌生人面前说话,都要适当,不要把话说得太满。如果把一个杯子倒满了水,就再也倒不进一滴水,否则就会溢出来。说话跟倒水是一个道理,如果你把话说得太满,会让他人对你产生嫉恨,而你也会陷入窘迫的处境。生活中,也许我们会与一些人产生矛盾,这时候也不要口出恶言,更不要说出“情断义绝”“势不两立”这样过激的话。不管谁对谁错,最好闭口不言,以便以后自己还能有个说话的“面子”。女人要学会少对人说绝话,多给人留余地,这样做不仅仅是为对方考虑,也是为自己考虑,这是对彼此都有益的。每个人都有每个人的看法和想法,当遇到意见不合的时候,你最起码要做到给别人足够的尊重。无论别人说的对与否,都不要当着很多人的面就开始反驳,你可以选择私下找个机会,把你的意见告诉对方。这样,你既维护了对方的自尊,保留了颜面,让他对你感激,又可以趁机加深两人的感情。

《红楼梦》中有这样一段情节。有一次,贾母等人在一起猜拳行令,黛玉无意中说出了几句《西厢记》和《牡丹亭》中的艳词。那两本书在当时都被列为禁书,黛玉这样的名门闺秀怎么能读禁书?幸好在座的人没有谁听出来,但此事却瞒不过宝钗,宝钗没有意气用事当面揭穿黛玉,而是选择了一言不发。

事后,背地里宝钗叫住黛玉,冷笑道:“好个千金小姐,好个尚未出阁的女孩儿!满嘴说的是什么?”黛玉求饶:“好姐姐,你别说与别人,我以后再也不说了。”宝钗见黛玉满脸羞红,不再往下追问。这让黛玉充满感激,宝钗还设身处地、循循善诱地开导黛玉在这些地方要谨慎一些才好,以免授人以柄。

宝钗无疑是人际交往中的佼佼者,她知道黛玉对她有嫉妒之心,她并没有当着众人的面给黛玉难堪。而是私下里找黛玉谈,刚开始给黛玉一个下马威,然后看见黛玉已经显得不好意思了,她便不再往下追问。她这样说话给黛玉留了余地,所以自那以后,黛玉对她的印象大有改观,并且两人成为了朋友。

在日常生活中也是一样，女人只要设身处地为对方着想，给对方一个台阶，就会赢得对方的好感，甚至是友谊。聪明女人说话要适当，才能更好地处理复杂的人际关系。

谨言慎行，避免“祸从口出”

一些女人说话不顾及场合，她们常常在公共场所说话滔滔不绝。须不知，很多时候就会给自己造成“言多必失”这样的境地，有可能在某些时候还为自己带来一些不必要的麻烦。我们常说“言多必失”，意思就是说如果一个人总是滔滔不绝地讲话，说得多了，话里自然而然地就会暴露出很多问题。“言多必失，祸从口出”，特别是在人多的场合，你一不小心，一旦失言，你的话就可能中伤或伤害到某个人，这还会为你招惹不少祸端。在生活中、工作中，你的一言一行都关系着个人的成败荣辱，所以言行一定要谨慎。如果你平时是一个话比较多的女人，那么一定要把自己的“嘴”管好，以防“言多必失”。

如果你不想无端为自己引来祸事，那么作为一个聪明的女人就要把“三缄其口”作为自己的处世座右铭。往往聪明的女人说话就很会把握分寸，她们不管在什么场合都表现得落落大方。她们在说话的时候，说得很充分，不该说的时候，一句话也不会说。特别是在有些场合，她们知道哪些话该说，哪些话不该说，她们一定会严把自己的“嘴”关，所以她们在交际中总是如鱼得水，显得游刃有余。女人们千万不要小看你的那张“嘴”，如果在一些场合说了一些不该说的话，有时候还会为你招来祸事，所以，说话要谨慎为妙。

清朝雍正皇帝喜欢观看杂剧，如果他觉得哪个杂剧演得好，就会赏赐一

些东西给演员。一次，他观看了一出很精彩的杂剧，因为杂剧的曲子很不错，演员们的演技也很好。于是，雍正便亲自赏赐一些美酒和食物给演杂剧的演员们。因为剧中人物郑儋是常州人，一个演员便问雍正："现在的常州刺史是谁？"雍正立即大怒："你一个优伶之辈，怎么可以大胆问起官吏之事！此风实不可长。"便命令人将那位演员在阶下乱棍打死。

那位演员只是好奇地问了一句，哪知那句话本来就不是他该问的。所以，他的一句话就为自己招来了杀身之祸。所以，说话一定要适当，不该说的一定不要说，谨防"祸从口出"。有的女人往往口齿伶俐，她们在交际场合中常常为了显示自己的口才，于是便对众人口若悬河，滔滔不绝。这虽然在一定程度上会为你增添不少的吸引力，但是如果你口无遮拦，无意中说错了话，说漏了嘴，也是很难补救的。所以，女人在人多的场合尽量少讲话，并且要讲究"忌口"。否则，你就会因为自己的言行不慎而让别人下不了台，有时候还会因此把事办砸，那是得不偿失的。

生活中我们常常会看到这样的场景：无论是在饭店里还是在办公室，只要三五个女人一扎堆，十有八九就会开始议论自己的同事或者身边熟悉的人。有的人好像天生就喜欢打探和谈论别人的隐私，她们不放过任何机会展现自己"卓越"的口才。可是，世上没有不透风的墙，如果你在大家面前夸夸其谈，而且还是谈论别人的隐私，在你身边的听众就有可能在某个时候揭发你的言行，到时候你就会显得尴尬和痛苦了。女人要切记，有一句话叫"覆水难收"，自己说出口的话是收不回来的。所以为了防止"祸从口出"，你就应该随时管好自己的"嘴"，对于自己说的每一句话都要斟酌，要多为自己长个心眼，不要说错话、说漏嘴。有的时候祸事往往是由于误会产生的，说者无意听者有心，你无意中说的一句闲话就可能引发很严重的误会。不管在任何场合和地方，不管所面对的话题是什么，我们都要做到说话有分寸，言多必失，一定严把自己的"嘴"关，要时刻注意以下几点：

① 在公共场合切忌谈论别人的隐私和错处。

② 不要说伤害他人自尊的话。

③无论在什么场合，都要注意选择适当的说话形式。

女人如果在工作场合中总是滔滔不绝地说话，说得多了，话里自然而然地会暴露出很多问题，比如，你对工作的态度，你对上司的看法，你以后的工作打算等，这些就会从你的谈话中流露出来，被你的同事所了解。别人就会把你对上司的看法和工作态度，像打小报告一样给上司说，你就把自己陷入了一个窘迫的境地。所以，在生活和工作中，女人要注意自己的一言一行，以免祸从口出。

说话投其所好，对症下药

聪明的女人在交际中总是能够轻易获得别人的好感，这是为什么呢？并不是因为聪明的女人天生就会讨人喜欢，而是因为她们在很多时候说话能够巧妙地“对症下药”，那样就会达到自己在交际中的目的。人们常常会发现，当你与人交流时，如果你尽挑别人喜欢听的话说，那么对方就会很乐意与你谈话，并且在这时候，如果你要寻求什么帮助的话，对方也一定会倾力而为。打动人心的最佳方式就是跟对方谈论其感兴趣的、喜爱的事情，也就是投其所好。女人在说话时，如果能够投其所好，对症下药，那么你就会赢得对方的好感，你离成功也就越来越近。投其所好是一门艺术，也是一种难得的智慧，它更是人与人进行沟通的秘诀。

曾经有一位老妇人去向哈维推销保险，当时所有知情的人都以为她会失败，可是没有想到，最后她成功地向哈维推销了一份保险。她是怎么做到的呢？

老妇人见到哈维时，就以一个善良的微笑和温暖的握手解除了哈维的“武装”。等到哈维愿意坐下来听她讲话时，她就立即从随身的包里取出一

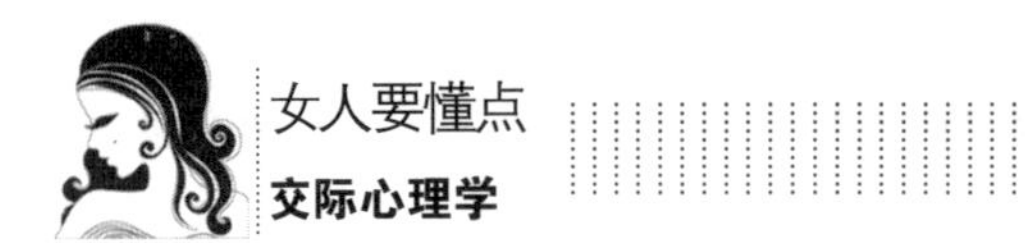

份杂志来。那是一份全年的由哈维主编的杂志《拿破仑·希尔的黄金定律》,当老妇人看到哈维诧异的表情时,她便开始滔滔不绝地向他谈起读杂志的感受,并且巧妙地赞誉他“所从事的,是今天世界上任何人都比不上的最美好的工作”。于是,她说的每一句话在哈维听来都是很迷惑人的。她整整“迷惑”了哈维45分钟,直到交谈的最后3分钟,那位老妇人才随意地谈起了自己所推销的保险的长处。最后,老妇人赢得了哈维的投保订单。

老妇人善于发现哈维的闪光点,并且从自己理解的角度真诚地赞美哈维,她的“对症下药”首先就赢得了哈维的好感。而在最后的几分钟,她才把自己的工作娓娓道来,所以才能够成功地推销了一份保险。很多卓有成就的推销员都是靠自己在谈话中恰当地使用“投其所好”,拉近自己与客户的距离,才能把更多的产品推销出去。我们在平时的谈话中如何才能拉近彼此的距离呢?那就是找他感兴趣的话题说,或者善于发现对方的闪光点,或者是把话说到对方的心坎上,那么你就会发现你们的谈话可以非常愉快地继续下去,并且很有可能因此而成为朋友。

聪明的女人要明白这样一个道理:对失意人,不谈骄傲事;对正处骄傲的人,莫言失意事。对人说话应该投其所好,能够投其所好,你的话才能在对方心中产生作用。如果你在谈话时只挑自己感兴趣的话题,或者不识时务地谈起对方心里的伤心之处,那么对方跟你谈话就会觉得无聊之极,特别是你谈到他的痛处时,他不仅对你没有好感,还会对你更加厌恶,因为你的话无形之中像一把利剑刺入他的心脏。

春秋时期,陈国国君灵公有一次在夏徵舒家里饮酒,几人一边喝酒一边闲聊。当他看到孔宁、仪行父的时候,就想嘲弄他们。于是他对孔宁、仪行父两大夫说:“徵舒像你俩。”而两大夫也不客气地回敬说:“也像您。”不言而喻,其意是指三人均和夏徵舒的母亲“有染”。后来,陈灵公被夏徵舒用箭射死。

陈灵公在说话的时候非但没有“对症下药”,反而在谈话之间对别人嘲弄,结果引来别人的嫉恨,最后连自己的命也搭进去了。所以,在平时谈话时如果你想获得别人的好感,获得别人的青睐,就要学会在谈话中对他投其

所好。如果你不知道如何“对症下药”，那么你可以在与他交谈之前，通过他的朋友或是他身边的人对他有一个大致的了解，比如，他的性格、他的爱好、他的优点是什么。这样，你就会在谈话中游刃有余地“对症下药”，或是针对他的优点赞赏一番，或是迎合他的性格说些漂亮的话，或是与他随便聊聊他所爱好的事物。这样就会无形中拉近你和他之间的距离，他就会对你充满好感，甚至愿意与你有下一次的交谈。

聪明的女人，要学会抓住对方的闪光点，发现对方的优点，并且真诚地赞美别人。寻找对方的兴趣点，从对方感兴趣的话题或者事物聊起，你就会发现这将成为你们共同的话题而不是你一个人在那夸夸其谈。利用他人的闪光点和兴趣来建立你们之间良好的关系，这会成为你交际中的一把钥匙。

在不同场合用好暗示语

很多时候，我们会遇到非常复杂的事情，无法直接把事情表述给对方。有时，我们遇到一些不平之事，却无法直言不讳，遇到一些贪婪无耻之人，而又不可大胆批评。我们总会有左右为难的时候，你说也不是，不说也不是，该怎么办呢？

聪明的女人知道，这是暗示语该发挥作用的时候了。暗示语是一种巧妙的表达方式，在不会给自己带来麻烦、也不会伤害别人的前提下，采用隐晦、含蓄的语言给别人提个醒，表达自己的不满和意见，这是非常好用而又富有智慧的说话方式。

会用暗示语的女人，往往既保存了别人的面子，又顺利解决了问题，这样的女人，自然会大受欢迎。

使用暗示语既不伤害朋友间的情谊，又能充分表达自己的想法。当然也有很多女士喜欢用“指桑骂槐”这种表达方式，但是提到“骂”字自然有些不雅，这只能说是使用“暗示语”的初级阶段，想要灵活运用，还要多加学习。

从前有个富翁，虽然很富有，但是却吝啬到了极点。有一天吃饭的时候，正好有客人来访。于是他把客人留在客厅里，自己却偷偷地溜到里面去吃饭。客人实在无法忍受他这种待客之道，便故意大声地说：“呀，可惜了，好好一座厅堂，许多梁柱却被蛀虫蛀坏了！”

富翁在里面听到后慌忙跑出来，问道：“蛀虫在哪儿呢？我怎么看不见？”

客人两眼朝他身上打量一番，说道：“它在里面吃，外面怎么会知道？”

这位客人的暗示语用得真是恰到好处，表面上说蛀虫，却暗指主人吝啬，主人心知肚明，但却不好发作。这种话里有话的说话技巧，往往是说话者故意在言语中暗藏玄机，所强调的并不是表面上说的意思，而是另有所指。女士们若在生活中能将暗示语加以充分利用，一定会使生活变得更加和谐、美满，说不定还能在工作上帮到你。

伯特是美国的一个推销员。有一次他需要推销出去的是一套足可以供一座40层办公大楼使用的空调设备，但是他跟建筑公司谈判了几个月都没有成功。最终决定是否购买的权力掌握在公司的董事会手中。

有一天董事会通知伯特，要求他再一次给各位董事介绍这套空调系统。伯特勉强打起精神，把讲了不知多少遍的话又说了一遍。董事们的反应非常冷淡，还连珠炮似地问了一堆问题，以外行话问内行人，好像故意刁难他。

伯特真是心急如焚啊，眼看着自己这几个月的心血马上就要化为乌有了，他急出了一身的汗。就在这个时候，他灵机一动想到了用“热”这个妙招。他不再从正面回答董事们所提的问题，而是自然而然地转移了话题。他神情自若地说：“唉！今天天气真的是很热啊，我可以脱下外衣吗？”说完，他还把手帕拿出来，煞有介事地擦拭着额头上渗出的汗珠。

他所说的话和擦汗的动作立即引起了各位董事的连锁反应，也许这是一种心理上的暗示作用吧，董事们仿佛也一下子感到天气很闷热，于是一个个脱下了外衣，又一个个掏出手帕擦汗。

正是在这个时候，一位董事开始抱怨了："这房间里没有空调，真是闷死人了。"这样一来，董事们也不需要伯特推销介绍了，竟主动考虑起关于空调的购买问题来。简直令人不可思议，拖了几个月之久的生意，居然在短短10分钟之内取得了突破性的进展。

在伯特的言语中，虽然没有一语双关，也没有暗含的意思，但是却起到了暗示的作用，从而为自己赢得了生意的成功。究其原因，关键就在于伯特抓住了他所推销的"空调"和"天气热"之间的联系，恰到好处地利用了自己身处的环境，把自己对热的感受传达给在座的董事，并用语言加剧大家对热的感觉，无形之中增强了他说话的可信度。这种巧妙的暗示如果运用得当，比话中有话更加成功和有效。

经常会看到电视剧中有这样的情节：几位富家太太一起打麻将，为了显示自己的富有和品位，常常满身珠光宝气，在抓牌的时候特意把手指跷得高高的，这是什么意思呢？就是为了让其他的太太看到自己硕大的宝石戒指；还有的成心把东西扔到地上再捡起来，嘴里还嚷嚷着"哎呀，把我的鞋子都弄脏了"，为的就是让别人注意到自己今天穿的名牌鞋子。这样的情景在女人之间非常常见，其实这就是最基本的暗示行为和暗示语言。

当然如果女人只把这种智慧用在与同性的攀比上，是非常肤浅的。如果为了生活的和谐、孩子的成长，多使用这种表达方法还是很有必要的。一般30岁以下的女士孩子都很小，有的挑食厌食，有的淘气捣蛋，这时你就可以运用暗示的方法来激励孩子，"宝贝，你知道爸爸为什么长得那么高吗？那是因为爸爸非常喜欢吃胡萝卜！"或者"你看隔壁的小明多乖，你们是好朋友，应该向他学习对不对？"这样的暗示要比打骂孩子来得实用得多。

不仅如此，有时候暗示语还可以帮助你渡过难堪和尴尬。

有一次，蒲松龄到王大官人家去做客，他被众人推到了上座，可是王大官人的独眼管家却从下席开始斟酒，显然是有意冷落蒲松龄。王大官人也想捉弄蒲松龄，于是端起酒杯示意道："蒲先生，喝呀！"

蒲松龄端坐不动，他笑着说："诸位先别急着喝酒，我先说个笑话给大家

助助兴。在我出门来这儿之前,碰到内人正在用针缝衣服,于是我就以针为题即兴做了一首诗,现在诵给大家听听。‘一头尖尖一头扁,扁间只有一只眼。独眼只把衣裳认,听凭主人来使唤。’”大家一听,都齐刷刷地朝独眼管家看去,众人极力强忍笑意,而后大声叫好。王大官人及管家被这样的情形搞得狼狈不堪。

蒲松龄借用针的形象,对想为难自己的王大官人及管家进行了尖锐犀利的讽刺,维护了自己尊严的同时还让捉弄自己的人“搬起石头砸了自己的脚”。

面对如此有心机又不诚恳的人,我们也没必要客气,用暗示语狠狠地鞭笞他一顿,他也只能暗自吃亏,不敢与你争执。聪明的蒲松龄非常值得我们学习,人与人之间的沟通不可能全无障碍,说话做事一定要注意分寸,偶尔用用暗示语既能显示你的智慧,也不会引起正面冲突。在不违背原则的情况下,使用暗示语可以使自己从容脱困,真是妙得很。

暗示语是我们生活中不可缺少的语言技巧,女人学会它,会使生活更加有趣,会使自己更有内涵,会使家庭更加美满,会使友情更加亲密,就像有些植物不喜欢太阳光直射,就要用遮光的东西挡一挡,对于不适合直言的场合,暗示一下,结果会更妙!

编织谎言,不如敞开心扉说真话

张爱玲说:“如果你向女人猛然提出一个问题,她的第一个回答大约是正史,第二个回答就是小说了。”这里的“小说”当然不会是“小女子说”的简称,而是指虚构和编造而成的话。女人似乎总是喜欢隐藏自己的想法,而寻找借口。人与人交往，贵在真，就是要说真话。大多数女人在与人交际中，喜欢为自己找这样那样的借口来表示自己的立场，并且还自认为很聪明。其实，这样做只会为后来的露馅埋下伏笔，因为有一天，当别人发现你说的不是真话，而是你自己编织的谎言，他就会觉得你这个人不诚实、不坦诚，也没有和你继续交往的必要了。女人总是为自己找借口，这会成为你交际中的阻碍。

有些女人第一次与人见面，就会忍不住开始撒谎。她或许会隐瞒自己的年龄，或许是学历，或许是工作。其实，这样的女人在某种程度上是极不自信的，她害怕说出自己的真实情况后，不能讨对方的喜欢。所以，她宁愿冒险向他人撒谎，也不愿说出实情。这样的想法是极其错误的。因为，谎言毕竟是谎言，它总有一天会露馅，到那时候，你就没有办法自圆其说了。可能你会继续把谎言圆下去，但是费尽心思地想怎么去圆谎，把自己搞得焦头烂额，这何必呢？你一定会懊悔，要是当初自己能说真话就好了。所以，在与人谈话交流时，要学会敞开心扉说真话。

聪明的女人在第一次见面，就会坦诚地介绍自己。因为她们不会把心思用在编织谎言上，她们会说出真话。当你说出真话后，对方会认为你是个相当可爱的女人，并且也会效仿你，敞开心扉，这样双方就能用心灵来沟通。如果在谈话过程中遇到意见不合的时候，聪明的女人也会坦诚地说出自己的看法，而不会为了迎合对方就表示自己赞成。因为如果你是一个敢于发表自己意见的女人，别人会觉得你是有想法的女人，是一个比较有个性的女人，就会对你给予赞赏。

有时候，女人会因为自己的虚荣心理作祟，不知不觉地对身边的朋友撒谎，来获得在朋友面前的荣耀。她们常常把自己在小店铺偶然淘来的裙子展示给好朋友看，并且自豪地说是托亲戚从国外带回来的，于是引来朋友羡慕和嫉妒的目光，她们心里就会获得一种满足感。可是，当你们在逛街的时候，突然发现有条裙子跟你的一模一样，这时候你就会哑口无言了，因为再怎么圆谎也换不来一段友谊。所以，无论是与陌生人交往，还是与朋友交往，都要敞开心扉说真话，只有你坦诚相见，才能换得对方的坦诚。

面对来自男士的邀请时,有的女人不会说出自己真实的想法,只是用借口来婉拒,而聪明的女人就会直截了当地拒绝。虽然婉拒在一定程度上维护了对方的自尊心,可是你并没有直接拒绝,对方会认为自己还有机会,就会一而再、再而三地邀请你,到那时候你又会找出什么样的借口来抵挡呢?而且因为你没有直接拒绝,就会给人虚伪、不诚实的印象。这时候,不如直接回绝,虽然会给对方带来短暂的不快,但是却可以让对方断了念头,又表现了自己的诚实。

聪明的女人善于用真诚来打动别人的心,不管是在生活中还是学习中,都会对人敞开心扉说真话。因为她们知道编织谎言很费劲,与其把精力花在如何说谎上,还不如敞开自己的心扉,获得别人的信赖。你对别人真诚才能换来别人对你真诚。善于说真话,是你能够取得别人信任的法宝。很多女人误以为谎言可以掩盖一切,但是当谎言被揭穿的时候,才发现如果当初说了真话,后果并没有这么糟糕。所以,做一个聪明的女人,就要在与人交流时,善于说真话。与其花心思编织谎言来赢得对方的喜欢,还不如说真话,这样别人就会更欣赏你、信任你。

没有清晰的思路,不如沉默以对

有的女人很喜欢在公共场合发表言论,可是常常是她说了半天,大家还不清楚她的意思。她其实是在自己心里稍微有点想法就开口,东拉西扯了半天,也没有清楚的逻辑,让人听了摸不着头脑。特别是在公共场合,或者是公司的大会上,女人千万不要头脑发热,自己在没有清晰的表达思路时不要轻易发表意见。你没有清晰的思路,就不可能表达得很清楚,而且有可能

你说到中途，思路就断掉了。这不仅没有达到你发表意见的初衷，也会使自己陷入尴尬的境地，那样就得不偿失了。

聪明的女人常常会在自己没有清晰的表达思路时，选择适当的沉默。她们不会急于把自己没有成形的想法说出来，她们总是能够把握自己的实力。在适当沉默的时候理清自己的逻辑和思路，以等待下一个机会。她们不会冒险去做没有把握的事情，更不会把自己陷入尴尬的处境。聪明的女人总是在背后把所有的准备工作都做好，才会把自己的想法说出来，因为这样才有必胜的把握，她们总是在沉默的时候积蓄能量，而出现在人们面前的时候，达到"一鸣惊人"的效果。

楚庄王即位近三年以来，整天打猎、喝酒，不理政事，还在宫门口挂起块大牌子，上面写着："进谏者，杀无赦！"这一天，大夫伍举觐见楚王。楚庄王手中端着酒杯，口中嚼着鹿肉，醉醺醺地观赏歌舞。他眯着眼睛问道："大夫来此，是想喝酒呢，还是要看歌舞？"伍举话中有话地说："有人让我猜一个谜语，我怎么也猜不出，特此来向您请教。"楚庄王一边喝酒，一边问："什么谜语，这么难猜？你说说。"伍举说："谜语是'楚京有大鸟，栖在朝堂上，历时三年整，不鸣亦不翔。令人好难解，到底为哪桩？'您请猜猜，'不鸣也不翔'，这究竟是只什么鸟？"楚庄王听了，心中明白伍举的意思，笑着说："我猜着了。它可不是只普通的鸟。这只鸟啊，三年不飞，一飞冲天；三年不鸣，一鸣惊人。你等着瞧吧。"伍举明白了楚庄王的意思，便高兴地退了出来。

果然，第二年，楚庄王听政，发布了九条法令，废除了十项措施，处死了五个贪官，选拔了六个进士，国家昌盛，天下归服。

楚庄王就是一位相当聪明的君王，他不做没有把握的事，适当地选择沉默，不过早暴露自己的意图，所以最后才能成就大业。古人说："三年不飞，飞将冲天；三年不鸣，鸣将惊人！"沉默并不是无言，而是一种积蓄能量的途径，一个酝酿思想的过程。当所有的准备都已经做好，就等待在适当的时机展现，就如同拉弓蓄力，为的是箭发后能直冲云霄。女性朋友平时与人交际时，如果你的思路没有拓展开，那么就不要急于把自己的想法说出来，因为一个成熟的想法是经过"三思"而后行的。在梳理思路的同时，可以及时地

发现自己在某些方面的不足,并改变看法使思路得以完整,或是进一步使思路得到创新,并使自己有十足的把握取胜。

女人说话要注意自己的逻辑,不要把那些不经过大脑思考的想法一股脑儿地抖出来,那样会让人感觉你是个没有智慧的女人。在毫无头绪的情况下,要给自己留有沉默的空间。形式上的静止,并不代表思考的停滞。那些有深度的思想,正是看似沉默的思考过程。有的女人总喜欢夸夸其谈,把自己不成熟的思想早早地说出来,这对于她自己,其实无疑失去了进一步思考和达到成功的机会。不成熟的思想没有经过反复的推敲,所以有可能显得没有主题或是存在漏洞。对方在听我们说话的时候,常常是感觉虽然说得滔滔不绝,但是却根本听不出有价值的内容。

给自己适当的沉默,为成功创造更大的空间。每一句话在开口前要经过冷静的思考和反复的推敲。古人云“君子厚积而薄发”,说的就是这个道理,一点一滴的积累才会有成功的喜悦。女人说话要经过深思熟虑,尽量三思而后说,那么你的话就多一些深度,少一些平庸。思考在沉默中放出光彩,语言在思考中也得到了锤炼。

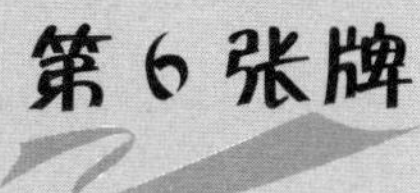

第6张牌

社交场上莫做羞答答的玫瑰

现代女性自由、独立、开放，早已远离了闭门于深闺中的时代，繁杂的社交活动中，常常可以见到美丽的交际达人。然而大多数女人在社交场所，还是很难放得开，也不容易和周围的人愉快地高谈阔论，这样也就达不到社交聚会的目的了。那么作为一名现代女性，怎样才能摆脱羞涩，大方社交呢？在聚会中都需要注意些什么呢？

摆脱羞涩，不做羞答答的玫瑰

在聚会中羞涩可不是个好的展现方式，就算你没有惊艳的容貌，但你可以有自己的气质，你可以展示出自己最自然的那面。在宴会中浓妆淡抹总相宜，太羞涩不仅不能展示你最美的一面，而且即便你有能力，别人也不会注意到你。

羞涩的原因主要是你给自己太多的心理负担，你可能常常会因为在众人面前说话而脸红，常常会在众人面前紧张，所以你就开始逃避这种场合，原本就害羞的你变得越来越羞涩。

在职场中，这种羞涩只会阻碍你前进的步伐，你不可能一辈子都躲在一个角落里，时间久了，别人就会将你遗忘。身处社会中的你要学会与他人交流，如果不能很好地和别人交流，那么在生活和工作中，你就会遇到障碍，这种障碍不是别人能帮你搬走的，只有你自己才能搬走这个障碍。

一朵羞答答的玫瑰静悄悄地开，可是玫瑰再好看也无人理睬，这时玫瑰只能孤芳自赏，对影自怜，直到有一天它慢慢凋零也无人问津，这是一种孤独的悲哀。你越把自己包起来，别人越不愿去触及你那坚硬的刺，你用刺保护了自己，也拒绝了别人，包括那些想帮助你的人。

欣欣在办公室里总是一言不发，她只会默默地做完自己的事，然后下班回家。她吃饭从来不和大家一起，也从不参加公司的派对，除非有必须去的活动，否则她不会露面，如果必须去，她也只是坐在角落的位置，不被人注意。因为她自我孤立，所以没能交到知心朋友，即便是一开始挺关心她的几个同事，也因为她的冷漠慢慢疏远她。欣欣其实也很苦恼，可是她就是摆脱

不了羞涩。

这里有些方法可以帮助像欣欣这样的女性摆脱羞涩的性格，在很多情况下，只有自己才可以帮助自己。

①你要接受自己的性格，不要一味地逃避。逃避是无法解决问题的，就算你逃避可问题还是存在的。你要知道自己性格内向，可是不要排斥这种性格。要知道内向的人更容易去学习，更能懂得思考，外向的人容易在行动中学习和成长，这是内向的人需要学习的。多向身边外向的人学习他们的语言表达能力和动手实践能力，把自己的感悟和体会试着说给身边的朋友听，这样，从朋友开始，慢慢扩大到陌生人，你就能逐渐地摆脱羞涩的性格了。

②试着给自己制订一个计划，让自己一步一步地去执行。比如，今天结交一个新朋友，明天在会上主动要求发言等，这些都可以作为锻炼的机会。现代网络给我们提供了便利，你可以试着在聊天室里和陌生人聊天，当然不要透露自己的真实身份，在互不相识的情况下你不至于会很紧张。这样尝试之后，你可以试着在现实中和陌生人搭话，这是锻炼你的胆量并迅速让你摆脱羞涩的一剂良药。

③用最真诚的心对待别人。如果你想交到朋友，就要以诚相待，将心比心，只有你拿出自己最真诚的一面，对方才会被你感染，同样对你以诚相待，这样就建立了相互的信任，你就能交到一个真正的朋友了。

④拿出你最擅长的才能去打动别人。内向的女性往往有些特殊的才艺，比如吹笛子或者编织手工艺品。如果你不能很好地用语言表达自己，你可以写下来，也可以以乐声传情达意，也可以把自己亲手做的小玩意送给你想交的朋友，这样，你就通过有形的东西表达了你无形的情感，这也不失为一种好的方法。

⑤让自己变得开朗起来。有一种可以提升自信心的方式就是每天爬到山上，大声说几句“我能行”，听到回音的应答，你就会觉得自己放开了许多。当然不爬山也可以做到这点，每天对着镜子练习微笑，也可以提升你的自信。

⑥在倾听时要专心，让对方感受到你是一个可以放心诉说的人，并且适时地提出你的意见，表现出你对对方想法的在意。和对方进行坦承交流，时间久了，你就会发现，你慢慢地融入大家的圈子，大家也开始喜欢你了。

当你慢慢做到这些时，你就会发现自己开始喜欢参加社交活动了，开始喜欢认识新朋友，你的圈子开始扩大了，你开始摆脱羞涩了。

不要成为孤独的女人

女人觉得什么最可怕？孤独。孤独能让人窒息，女人孤独的时候，常常是最无助的时候。那种感觉就好像这个世界就剩下自己一个人，自己被所有人抛弃了，内心的空虚感、寂寞感一起袭来，有时候甚至丧失了生活的勇气。孤独被女人看做是最可怕的敌人，她们害怕自己会孤立无援，害怕只有自己一个人，因此心灵也会变得十分脆弱。其实，孤独并不可怕，可怕的是当你面对孤独时放弃了生活的希望。女人应学会战胜孤独，当孤独的痛苦笼罩你时，你就应该面对它，不要产生任何想要逃避的想法。因为，如果你选择逃避，你就永远不可能了解它，而它总是悄悄地躲在一边，等着下一次机会的到来。

其实，孤独是一种常见的心理状态。人们常说的孤独其实包含了两种情况。一种是由于客观条件的制约所引起的孤独，他们由于种种原因不得不长期远离“人群”，而以一个人或者是一群人独立起来。比如远离城市到边疆哨所站岗的士兵们，长期坚持在高山气象观测站工作的科技工作者，为了工作而长期四处航行的海员，这些人的孤独是一种“有形”的孤独，因为他们没有亲人朋友在身边。而大多数女人的孤独是第二种，是“无形”的孤独。

女人的孤独更多的来自内心深处的寂寞，感情，或是生存境遇突然发生变故，使得她们内心无法承受。孤独的女人不仅内心受折磨，精神也受到长时间的压抑，这不仅会导致心理失去平衡，还会影响智力和才能的发挥，会产生精神萎靡，并且失去事业的进取心和生活的信心。所以，孤独对于女人而言是非常可怕的。面对孤独，女人要学会战胜孤独，才能在自己的事业上取得成就，才会扬起生活的风帆。

很多有孤独感的女人，并不是自己愿意孤独，而是她们有各种各样的原因。有的是在人生的路途中遭遇了坎坷，陷入无边的孤独和痛苦中，不能自拔，有的是得不到别人的理解，也不愿意去理解别人，于是选择独来独往，有的是看不起自己，不相信自己，有一种深深的自卑感。于是，她们陷入了没有边际的痛苦中，与孤独为伴。

而有的女人因为内心世界的封闭使她们无法通过感情交流来建立真正的友谊，友谊的缺乏使现代人具有一种强烈的孤独感。有的女人这样描述自己的感受："在这个世界，我感到孤独、嫉妒、愤怒、紧张。"

无论是因为人生境遇坎坷，还是因为自己的感情失意，女人的孤独在无形中已经成为她通往正规工作和生活的阻碍。孤独的女人要学会在生活中拿出勇气，敢于与孤独对抗，战胜孤独。那么，如何才能有效地战胜孤独呢？

(1)战胜自卑心理

女人有时候受到了磨难，就会觉得自己跟别人不一样，而没有勇气跟别人接触，这其实是自卑心理产生的孤独感。这时候，要突破自己内心的屏障，相信自己，钻出自织的"茧"。你就会发现，其实跟别人交往是一件很容易的事情。

(2)转移注意力

女人如果觉得自己内心孤独，可以适当地转移注意力，把自己的注意力转移到工作、生活上来。在工作中，除了努力工作，还要适时与同事交流。在生活中，走出心里的黑暗，开始结交新的朋友，建立新的生活，重新树立起生活的信心。这样，你就会发现能够与大多数人生活在阳光下是一件很惬意的事情。

(3)为别人做点什么

孤独的女人都会遇到这样的情况,当你与很多人在一起的时候,你会感到特别孤独,并且比自己独处时更孤独。与他人格格不入让你陷入孤独的境地。那么,你就应该为别人做点什么,帮助别人,获取别人的好感,为自己争取一份友谊。

(4)享受自然,走入社会

一个孤独的女人,总是把自己关在小屋里。这样做精神会长时期受压抑,会使自己的性情越来越孤僻。那么,试着走出家门,出去呼吸一下新鲜的空气,感受一下在街道上拥挤的感觉。这时候,你已经忘记了你的寂寞,你的心情就会渐渐开朗,逐渐从孤独的城堡中脱离出来。

卸下社交恐惧的心灵十字架

你会因为害怕与人交流而总是躲在人群的后面吗?你会不敢在众人面前成为焦点吗?你会觉得自己很笨或者看起来很害羞吗?如果你有以上两点的情况,就说明你可能是患了社交恐惧症。如果这些情形让你想躲在家里,不愿意和任何陌生人接触,你可能就需要接受咨询或治疗了。

有些职场女性难免会有或轻或重的社交恐惧症。社交恐惧症也叫社交焦虑症,是一种精神疾病,患有社交恐惧症的人总会害怕在社交场合出现,不管是大场合还是小场合,他们会因为紧张而导致行为上的不自然。

社交恐惧症又分为多种,以下是比较常见的几种。

一是脸红恐惧。很多人会由于害羞而脸红,而这种人害怕接触陌生人,又害怕自己脸红被别人发现,这令他们非常苦恼。

二是视线接触恐惧。有些人在与人交流时不敢正视对方的目光，常常是低着头或者左顾右盼，他们说话也不能很好地集中精神，往往是前言不搭后语，这严重影响了他们与人交流。

三是表情恐惧。某些人总是会担心自己的表情出错，他们时刻恐慌不安，唯恐自己的表情出错，但是越担心越容易出错。

四是异性接触恐惧。一些女性因为害羞不敢和异性接触，或者一交往就会不知所措，尤其在和异性上司接触时，更是坐立不安。

五是口吃恐惧。一些人在社交恐惧时往往会出现口吃。他们一紧张就开始产生说话障碍，别人异样的眼光让他们觉得自卑。

社交恐惧症严重影响患者的身心健康。很多人能轻而易举办到的事，他们却望而生畏。尤其作为女性，常会遇到这种情况。情况严重时，她们甚至不能建立正常的生活，她们为了避免和人打交道，甚至会丢掉一份好工作。

作为职场女性，你会不可避免地和人打交道。社交是一个展示自我风采的平台，如果你把握不好这个机会，你很难让别人注意到你，你自己也会后悔把这个机会放走。如果你还是不能在下一次抓住机会，慢慢地你就会开始放弃，开始远离人群。中国女性很多都是含蓄内敛的，不会轻易表达自己的感情，她们会以为这是性格上的弱点，而不会想到自己是否患了社交恐惧症。

有个女孩，23 岁了还不敢谈恋爱，每次别人要给她介绍男朋友时，她就会惊恐不安，严重时还可能昏厥。后来去医院检查，医生的诊断是社交恐惧症。又一次，女孩的妈妈给她介绍了一个对象，可是怕她再次昏厥，于是带着女儿去看心理医生。医生给她的建议是："你先别把他当作介绍的男朋友，只是普通朋友，你去跟他见一面，然后问问他的年龄和名字，回来告诉我就行了。"复诊时，女孩的妈妈说她表现得很好，和那个男孩聊了有半个小时，女孩说："我只是听了医生的话，只是去问他的名字罢了。"实际上，医生是在给她做渐进性的治疗，医生重构了她去见男友的这一行为，变成像普通朋友那样去见面，转移了她的注意力，这样她心里的负担也就会相应减轻。

卸下你恐惧的心灵十字架，让自己放轻松，坦诚地接纳自己，试着允许自己不完美。想要减轻这种社交恐惧，首先，要告诉自己这种恐惧是可以消除的，正确认识与人交往的意义，找出与人交往的方法，慢慢学习。其次，找出自己到底因为什么而恐惧，对症找出解决方法。再次，在一个假想的空间模拟与人交往的场景，自己不断练习与人交往的过程。最后，可以强迫自己多出现在人多的地方，而后慢慢缩小圈子，直到能与周围的人近距离接触而不害怕。

不要否定自己，也不要太过苛求自己，先把自己的心放轻松，然后才能更好地去做其他的事情。不愉快的过去，就让它过去。心情低落的时候可以找个倾诉的对象，试着到人多的地方去，让过往的人流在你眼前经过，试着对所有人报以微笑。只有卸下社交恐惧的包袱，你才能够在职场中走得越来越远，才能够更好地工作，展示自己更好的一面。

不要让随心所欲毁了你的气质

有些女人总认为自己不是美女，就开始在着装上乃至行动上随心所欲，可是她们忘了，即便不是美女，也要保持高雅的女性气质。

有些女性气质是与生俱来的，比如女性柔和甜美的气质，在某些方面来说，这种气质可以轻易地打败男对手，成为社交中的佼佼者。在很多时候，女性在职场中都是在和异性客户接触，这是在所难免的。其实在这种情况下，你应该觉得庆幸，因为男性在和女性接触时，通常会放松警惕，这更有利于你的推销。男性和男性谈判时，通常气氛都比较紧张，因为他们除了生意没有别的可以去谈。可是女人就不同了，男人在和女人交往时，他们通常会

把自己的姿态放低一些，以示对女性的尊重。这时，女性的柔美就起了作用，如果你是一个富有魅力的女人，也许你什么都没说，就能让他败下阵来，这就是女性气质的作用。在你开口前，其实就决定了你的成败，他会听你把话说完，但是你的第一印象其实已经让他做了决定。如果你以随心所欲的穿着或者大大咧咧的行事作风出现在客户面前，这会瞬间毁了你作为女性的优势，对方会像对待男性一样对待你，而这时，你只有靠自己的产品和自己的语言来说服对方，这会让你多花许多力气。

人们常说，女性有三种“柔”是必不可少的——温柔、柔顺和柔弱。在适时的时机带着你的这些女性气质，会让你很快地进入对方的视线。

男性最抵挡不住的就是女性的温柔，有人曾做过调查，这是男性最喜欢的女性气质。在很多方面，温柔的女人更能捕获男人的心，在职场中也是相同的道理。不要总是摆出一副女强人的样子，做事不要风风火火，能把事情做好固然重要，但是别忘记自己是个女人。如果你像男人一样去做事，那公司何必招女性职员呢？所以，你要想明白，首先做好一个女人，再做好一个职场女人，这样更有利于在职场中发挥你的优势。

内心和外表的柔顺代表着你的善良和谦卑。在工作中讨论问题时，女性往往会在发表见解的同时也尊重他人的意见，并且能够认真执行领导安排的工作，由此看来，柔顺的女性特征可以作为一个职场法宝。如果能在合适的时机显现出自己柔顺的一面，有利于营造和谐的工作氛围和良好的人际关系。

柔弱并不代表软弱，女人的柔弱不是理应隐藏的，过于强势的女人在职场中往往处在比较被孤立的位置。在某些时候显示柔弱可以让对方显得更有成就感，而且，这时对方也难以驳回你的要求或提议。

小路今年刚进公司，她平常就像个男孩子，一头短发，穿衣服也总穿男孩子的衣服，她的性格大大咧咧，虽然大家都挺喜欢她，可是她总觉得无法带入大家的圈子。男同事把她当中性的朋友，女同事也只是把她当作普通朋友，没有人和她做知心朋友，她很苦恼，发现自己成了被孤立的一员。后来她又发现，连自己喜欢的男孩子都只把自己当哥们，而根本不会去考虑她是女孩子。她比较爱动，像个男孩子，可是如果太不合群了，最不开心的还是自己。如果没有了你本该有的气质,你就不容易找到自己的位置。

因此,随心所欲不是职场中的聪明女人该做的,聪明女人会拿好自己的气质牌,擦亮自己,让别人看见。况且有些气质是后天可以培养的。一个职场女人想要打拼出属于自己的一片天地,不能只靠硬碰硬,就算你认为自己是女强人,也不要忘记你还是个女人。保持好自己该有的气质是应该的,就算你不是最美丽的,也应该是最富气质的。往往气质女更容易打动别人,也更具女性的魅力,外貌的美仅仅是表面的,而气质是由心而生的,这种美是时间无法左右的,而且像酒一样,时间越久越香醇。

好好培养你的女性气质,这会让你在职场和生活中都能游刃有余,不要让随心所欲的行为毁了你原有的气质。

走出性感误区,不要随波逐流

事实上,当你意识到自己姿色平平时,你会开始羡慕那些漂亮的女人,她们总能抓住别人的眼球,她们似乎也总是性感的,而自己却像一只丑小鸭。但是丑小鸭也会有梦想,当她们看见白天鹅时,她们会希望自己能有一天变成优雅的白天鹅。于是,大胆的小鸭子开始行动了。

性感其实更是一个中性的名词,有时候代表着女人的妩媚,有时候代表的却是一层不好的含义。性感是一个雷区,不是所有的人走进这里都能够顺利地走出去,如果你把握不好尺度,也许你就无法达到预期的效果。

很多女性走进了性感的误区,她们以为性感是能让自己迅速改变,并具女人味的方法。于是她们舍弃牛仔裤和休闲衣,穿上高跟鞋和抹胸短裙,可是这不仅让她们自己觉得浑身不自在,周围的人也会觉得接受不了。可以

性感,但是要选择适合自己的性感。

性感不是浓妆艳抹。有些女性就就在赴宴时总是浓妆艳抹,可是浓妆艳抹不一定适合所有的宴会场合,也不是所有的人都适合浓妆艳抹。在正式的场合中,和环境适宜的自然妆是最合适的。

性感不是穿得越暴露越好。有些女性走进了这样的性感误区,想把自己变性感,于是开始穿些比较露的衣服,而不去看看这些衣服是否适合自己。其实穿对了衣服,就是牛仔装也可以让你很性感。真正的性感就是在似露非露之间,“犹抱琵琶半遮面”就是这种意境,露不是性感,不露也可以性感。比如穿一身紧身的长裙,依然可以性感。

性感不是随波逐流。你在大街上看到很多人都穿着相似风格的衣服,以为那就是潮流,殊不知多了才不被看好,物以稀为贵,你的风格也许正是独一无二的。而你如果一味地去追逐潮流才是一条无尽的漫漫长路,因为潮流总在你的前面,而你越追逐越力不从心。不如放下这种追逐的劳累,选好属于你的独特风格,以自己的风格出现在众人面前,这不仅能让大家更好地记住你,而且记住的是最得体的你。

性感不是没有原则。其实我们每个人都有自己的心理底线,如果一味地去追求性感,而放弃了自己的原则,就会让自己陷入一个两难的境地,我们也将迷失方向。因此,只有找到属于你自己的性感,你才能做得更好,即便是以最简单的装束去赴宴,只要是适合你的,你依然会成为众人瞩目的焦点。

明美在公司做文秘,工作两年终于提成了高级秘书。她知道高级秘书要懂得打扮自己,可她在这方面不是很擅长。她只是会化淡妆而已,而且也是因为工作需要。实际上,平常她出门从来不化妆,她总是喜欢穿着宽松的衬衫,但是上班就不一样了,不能那么随便,所以她在想该怎样改变自己,让自己更像一个高级秘书。于是,她开始穿更时尚的裙子,让自己看起来性感一点,化更浓的妆。试了几天之后,她发现周围的同事开始用异样的眼光来看自己,她觉得自己仿佛也变了,变得不是原来的自己,也不如原来的自己更自在。这种不愉快的心情直接影响了她的工作,她正为此苦恼着。她的上司行政经理也是女性,见她心情不是很好,大概明白了她的苦恼,便告诉她,自己原来也是从秘书做过来的,其实如果自己不适合做一个性感女人,就保持自己的风格,做一个气质女人,依然能得到大家的青睐,吸引大家的目光,不要一味地随波逐流,那样只能迷失自己。明美听了这些话后,若有所思,她终于想明白了自己需要的是什么,她找回了自我,也找回了朋友。

在很多时候,我们就像明美这样,总以为别人的就是好的,殊不知适合自己的才是好的。那些摆在橱窗中的晚礼服未必就适合我们,做一个性感的女人未必能得到所有人的喜爱,不适合的性感反而可能毁了你原有的气质。做回自己才是最重要的。找到属于自己的风格,穿适合自己的衣服依然可以性感。随波逐流永远也找不到属于自己的那片天空。

走出性感的误区,找到你自己的风格,你依然可以在宴会中露出你那光彩照人的一面。就算你不是最漂亮的,你也要做最聪明的女人,聪明的女人懂得如何包装和推销自己。

完美着装,让女人勇赴宴会

随着社会的发展、人们生活水平的提高,一些职场女性总免不了参加宴会,最普通的朋友聚会、公司聚会,以及一些社交聚会等。当要参加这些聚会的时候,一些外表不是很出众的女性朋友,总有些自卑的心理。俗话说,人靠衣裳马靠鞍,一身完美的着装会使自己在不同的场合得到意想不到的效果,甚至会成为宴会的焦点。

从不同的聚会类型上着手分析,配上自己的性格特点,给自己搭一套合适的服装,以及一个适宜的妆容,你的人气肯定会大增。所以,完美的着装可以让你更加自信,让你有勇气骄傲地去赴任何宴会。

宴会大体分为以下几种类型，根据不同的宴会类型选择适宜的着装与妆容。

(1)朋友之间简单的聚会

在这种聚会上你完全可以化个轻松活泼的妆容，给自己搭一套清新活泼的衣服。化一个淡妆，长发女性可以把头发扎高一点，使自己显得既精神又清纯。使自己整体上给人一种很轻松、温馨的感觉，再配合自己自然的柔美气质，你一定会成为这场聚会的女主角。在这种宴会上切忌浓妆艳抹和穿一些很奇特的衣服，也许这样会很吸引别人的眼光，但是那是一种异样的眼光。

(2)公司聚会

公司聚会往往也分很多类型，但是和你在一起的人大部分是自己的同事与上司，衣着太随便了不好，最好能根据场合穿上晚礼服之类的衣服，让自己显得成熟而又有内涵。没有礼服的女性可以一身职业装出现在会场，但是不要是简单的职业装，应该适当加一些小小的修饰，让自己显得既干练又柔美。不愿穿职业装与礼服的人，可以穿一些简单夺目的衣服，在妆容上要更优雅。得体的装扮加上合适的语言，积极地表现，这场聚会也许会为你的提升做一个好的铺垫。

(3)狂欢派对

这是释放激情与个性的派对，也是女性展现自己的聚会。在这种聚会上，外表不是很出众的女性只要用点心思，也一定会成为派对的主角。在这种聚会上自己的个性一定要突出，但要突出在一个度内。走性感路线的女性可以加一些狂野或清纯，给人一种立体感与神秘感。在平常一直保持低调的人可以大胆地张扬自己的个性，再夸张也不为过。但是一定要做到让人看见感觉舒服，而不是异样。

(4)婚礼宴会

婚礼是一个爱情碰撞的聚会，是单身女子发现爱情的好时机。所以，你一定要打扮得简单亮丽，温柔可人。穿衣一定要下一番苦功，做到既不抢新娘的风头，又让人感觉到你的独特，更要温和地表达出女性的柔美。此时的你也许就是这场婚礼的第二女主角。

一个合适的着装和妆容总会让你在不同的场合体现出自己的气质！这也许就是你成功成为宴会高手的开始。每个人都有自己的闪光点，这些闪光点也许一直没有被别人注意到，如果你不能将闪光点挖掘出来并展现给大家，那么你也永远不会吸引别人的目光。你的一个合适的妆容能让自己得到一次关注。

小丽一直以来都工作得很好，但是一直得不到提升。她属于纯工作的那种人，很不注重社交。虽然参加宴会的次数也不少，但是她总是不能让别人记住她。慢慢地她就成为默默无闻的人。一次偶然的谈话让她发现了自己的不足，不会适宜地打扮自己。虽然工作要求化妆，但是她总在应付，以为稍微打扮即可。所以，不管什么场合她总是一副工作妆，让人感觉无法和她沟通也无法注意到她。慢慢地小丽开始研究如何在不同宴会场合自己能有一个适合自己的装束。在公司派对上她总是会让人感觉到简约、大方、美丽，即使朋友聚会她也会让自己变得耳目一新。渐渐地她就能很好地融入生活和工作的大圈子里，加上她本来工作就很好，她的职场生涯得到了改变，职位被不断地提升。小丽周围的朋友也越来越多，慢慢地她变成了一个极受大家欢迎的人。

不管生活还是工作都要有一个良好的交际圈。这个交际圈是自己一个巨大的财富，让自己成为这个交际圈里受人瞩目的人，充分发挥交际圈的作用。适当的妆容总会在交际宴会中给你增色不少，而这适当的增色就是别人发现你的一块引路石，就是你通向成功的阶梯。

用与众不同的方式欢迎别人

在宴会上，我们需要注意的有很多。如果在宴会中，我们是邀请方，那么你在参加时要做好接待工作，就算你不是主管，作为员工也该做好这一角色。

欢迎是必不可少的，握手、迎接等都是基本的欢迎方式，我们可以让欢迎变得更有新意。如果你能够有与众不同的欢迎方式，那么在宴会还未开始时，你就已经成了众人瞩目的焦点，就算你不是最漂亮的，你也是大家印象最深的。

在某些时候，尤其是在职场中，漂亮女人不一定具有绝对的优势，而气质女性往往是大家所追捧的对象。很多气质是后天可以培养的，如果你想与众不同，就要先有与众不同的气质，气质可以比美貌更吸引人的眼球，它可以让你在人群中傲然挺立出来。而气质也就成了你与众不同的那一面。很多时候，不是每个人都能拥有一份气质的，这种独一无二的感觉要靠长期的积攒。

首先你具有了与众不同的气质，然后你拥有了与众不同的方式，最后你才会成为众人瞩目的焦点。欢迎接待有一些独特的方法，比如，在宴会之前订下一些鲜花，最好是能象征某些意义的鲜花，在客人来的时候，发给每个人一朵，然后报以微笑，致上简单的欢迎词，来宾估计不会想到宴会还有这么独特的一个欢迎仪式，没有人不喜欢鲜花的美丽，男士也不例外，美好的东西总是让人怜惜的。

又如，你可以提前准备好一些小卡片，弄清楚宴会的人员名单，然后在欢迎时，给每个人一张标有他们座位号和个人信息，以及宴会内容的小卡片，这是极具人性化的一个方式。你的这一举动，不仅会让主办方觉得有面子，还会给各方来宾留下好的印象。

当然在你做这些特别的准备时，最好能得到主办方的同意，否则如果一意孤行的话，可能会给自己带来不好的影响，强出头的人总会令某些人嫉妒的。

笑笑在大学毕业 5 年的同学聚会上成了最受众人瞩目的女生，原因就在于她的别出心裁。笑笑是个略微有些胖的女生，在大学里，她只是个不起眼的角色。她不像大多数女孩那样爱打扮自己，也不像一些女孩那样吸引别人的目光，她只是默默地一个人待着，做自己该做的事。而最终全班考研成绩最好的是她，就算她考得那么好，大家也只是惊叹一下，没有过多地在意。而这一次却不同了。大学毕业 5 年后，笑笑研究生也毕业了，现在在一家外企工作。外企的环境让她学会了很多，她不再像以前那样独来独往，而是变得会打扮自己，也会和别人交流了，她更加自信了。在这次宴会上，她提前和酒店联系好，准备了一个自己编辑的视频，是他们大学 4 年的一些照片和视频片段，大家看到这些后，很多人落下了眼泪，这是对那 4 年同学之情的怀念，也是对这几年各自辛苦奔波的感慨。这次的聚会非常成功，而笑笑的视频是最大的亮点。笑笑也因此得到同学的称赞，他们都主动去和笑笑碰杯、交谈。笑笑用这种与众不同的方式，既欢迎了同学，也成为聚会中的主角。

在同一件事情上，不要老是走那一条路子，偶尔也可以变通一下。所谓穷则变、变则通、通则久。独特的方法总能够吸引别人，在宴会中，你想做主角，就要先有做主角的意识，然后再找到做主角的办法。最好的办法就是独一无二，因为主角总是独一无二的。你要用与众不同的方式去欢迎别人，别人也会被你的与众不同所打动。在这个时候，你就成了备受关注的对象，即便你只是想让大家高兴，而你也因为你的付出得到了最佳的回报，那就是得到了大家的欣赏，你能够更快地融入他人的世界或者圈子，此时，你就获得了职场中最重要的人脉资源。这些人脉就像一棵大树的枝丫，每根枝丫都伸向远方，为你打开今后通往财富和幸运的大门。

第 7 张牌

心态好、情商高的女人人缘好

一个出色的女人总是能够保持乐观的心态来面对生活，来迎接人生中的每一个挑战。她们对自己时刻充满了自信，对生活充满了信心和希望。对于在生活和工作中产生的坏情绪，她们能够敞开心去接受各种情绪的影响，所以她们绝不会让自己陷入孤独的痛楚中。她们是骄傲的，就算在爱情的世界里，她们依然是独立的自我，不会让男人来左右她们的情绪。她们遭遇挫折时，也能及时地从沮丧中挣脱出来，怀着一份愉悦的心情，开始新的人生旅程。

逃离沮丧，做快乐女人

女人大多数都是理想主义者，她们总是幻想着美好的未来、浪漫的爱情、幸福的生活。可是，当现实犹如一盆冷水浇在头上的时候，她们才会意识到自己的错误。于是，当女人面对这些现实问题的时候，总是会产生沮丧的心理状态。因为对生活的期望太高，但世界是冷冰冰的，社会是残酷的，所以她们便会充满失望、灰心，甚至绝望。沮丧的心理会逐渐影响到我们的生活和工作，它让我们的人生停滞了前进的脚步，对生活失去了信心。所以，女人要克制自己的情绪，远离沮丧。

女人通常遭遇一点点不顺心的事情就会垂头丧气，失望到底。比如在上班的时候情绪就不太好，回到家看见家里乱七八糟，定会觉得事事都不如意。本来自己花了很大工夫做的企划案，却一下子被上司否定了，是不是觉得自己的心血全都白费了？心情很愉快地去逛街，却从服装店的镜子里偶然看见自己的大象腿，于是便灰心地空手而归。其实，这些都是生活中很小的事情，但是却很容易让我们产生沮丧心理。这时候，我们就要学会从沮丧里走出来。

虽然沮丧是人们的正常心理现象，但如果我们长期沉溺于沮丧，不能自拔，便会影响我们的身心健康。其实，女人产生沮丧的一部分原因来自于自己的不自信。当她们自身的能力、魅力遭到否定的时候，就会灰心，甚至一蹶不振。这时候，她们也不再相信自己了，也把自己否定了。沮丧的女人陷于沮丧的痛苦中，也很挣扎，希望得到别人的帮助，于是她们很想求助于别人，可是孤独和害怕被拒绝的心理使她们往往不敢去求人。自卑的态度让

她们无法正视自己的脆弱，只好以假装快乐的方式来掩饰自己。

远离沮丧，就要克服自卑，肯定自己，对自己充满信心。很多女人通常是不自信的，她们常常觉得自己的能力需要别人来肯定，一旦别人在一件小事上对她否定了，由于自卑心理作祟，她就会觉得自己完全被否定了，于是开始灰心。为了打败沮丧，女人要重视自己，肯定自己，时刻树立一种强烈的自信感。每个女人都有自己引以为豪的优点，当你被否定的时候，要看到自己的优点，那么你就有机会再振作起来。适当的时候给自己信心。当你开始沮丧的时候，对着镜子，告诉自己“你是最棒的”。只要自己肯定了自己，对自己充满了信心，就会从沮丧的旋涡中挣扎出来。

远离沮丧，要保持积极向上的心态。如果生活的烦恼困扰着你，不要失望，不要灰心，时刻用一颗乐观的心去看问题，你就会发现事情并没有你想象的那么糟糕。“面包会有的，牛奶会有的。”如果你这么安慰自己，就会发觉自己所遭受的没什么大不了。想一想那些在病床上与病魔抗争的人，想一想那些在地震中失去双腿的孩子，想一想那些流浪在街边无家可归的人，你会觉得自己是一个比较幸运的女人。至少，你有温暖的家，爱你的人，健康的身体，你又何必整天为一些小事想不开呢？沮丧让你失去对生活的信心，但是，积极乐观的心态会让你重拾信心，并且会让你拥有美好的人生。

高情商的女人之所以能够成功，就在于她能够克服自己沮丧的情绪。她们通常能够以开放的心理去接受各种情绪的影响，所以情绪的承受能力很强。她们能时刻对自己充满自信，保持积极向上的生活态度。所以，当她们遭遇沮丧的时候，能通过适当的途径克服沮丧情绪所带来的困扰，并且能及时地回到正常的工作和生活中。如果你是一个沉浸于沮丧之中不能自拔的低情商女人，你最终会一败涂地。一个女人，要对生活充满信心和希望，保持乐观、积极向上的精神，你才有勇气和耐心去克服生活中一个又一个的艰难险阻。

宽容之心让他人喜欢与你交往

一个女人要有魅力，可能需要温柔、贤惠、矜持等女性应该拥有的美德，但是有一个良好的心态是女人们必不可少的，那就是——宽容。

荀子曾经说过："君子贤而能容罢，知而能容愚，博而能容浅，粹而能容杂。"说的就是宽容的重要性。

宽容是溶解人际间冰块的一剂良药，宽容是增进人与人感情的桥梁。拥有宽容之心的女人往往善于宽容地面对人生，她们以宽容对待狭隘，以礼貌谦恭对待冷嘲热讽。拥有宽容之心的女人一般都很温柔，她们为人懂得谦让，对人体贴，凡事都能替别人着想。拥有宽容之心的女人从不会对自己的敌人步步紧逼，她们懂得"大事化小，小事化了"的生活艺术。

这样的女人身上所散发的魅力，可以弥补其他方面的缺点，是男人心目中的梦中情人，是深得朋友同事喜爱和钟情的朋友。

女人想要有魅力，在人际关系中左右逢源，就必须拥有一颗宽容之心。宽容不是退让与忍耐，对现实的宽容并不意味着满足，对困境的宽容也并不代表停滞不前。宽容是良好的心态，换一个崭新的视角去看待这个世界，看待生活中的人和事。

胡兰兰大学毕业后顺利进入当地一家报社成为了一名记者。在工作之前，胡兰兰可谓是一帆风顺，大学四年她拿的都是一等奖学金，并且多次获得"优秀学生干部""十佳大学生"的荣誉称号。她是同学们羡慕的对象，是老师树立的榜样。顺利的人生经历养成了兰兰傲慢、容不得他人比自己好的性格。

有一句话说得好："退一步海阔天空，忍一时风平浪静"，有时候，如果女人们能以一颗宽容豁达的心来处理问题，她们就会发现其实问题并不是太

大，很多时候都是女人们在“庸人自扰”。

“人非圣贤，孰能无过。”每个人都可能在生活中犯各种各样的错误。当别人犯错时，女人们要以宽容的心态对待之。宽容是一种坦荡，可以无私无畏，无拘无束。宽容是一种大度，是比海洋和天空更为博大的胸襟，是宽广和宽厚的叠加、延续和升华。宽容不是怯懦，不是要求女人要一味地逆来顺受，而是希望女人在理解的基础上要大度，忍让。拥有宽容之心的女人能以成熟的心态客观地解决问题。

宽容是女人提升魅力、赢得尊重的法宝，对人对自己都可成为一种无须投资便能获得的精神礼品。学会宽容不仅有益于身心健康，而且对赢得友谊、保持家庭和睦、婚姻美满，乃至事业的成功都是必要的。

法国作家雨果曾说过，“世界上最宽广的是大海，比大海更宽广的是天空，比天空更广阔的则是人的胸怀”。只要女人能以宽容的心态去欣赏他人，以真诚的态度去对待他人，以良善、仁慈、宽恕的胸怀去接纳他人，女人就会发现周围的人不是想象中那么傲慢、偏执，周围的一切都是那么美好！

世界因为女人的存在而美丽，女人因为宽容之心而动人。在这五彩缤纷的世界里，拥有宽容之心的女人是迷人的，她们永远是一道亮丽的风景线。作为女人，你也许很娇贵，也许很单纯，也许很浪漫，但拥有宽容之心，才是让你人见人爱的重要资本。

低情商的表现不要有

低情商的女人通常在生活中、工作中缺乏理性的认识，她们往往意志不够坚定，难以控制自己的情感。她们通常喜欢抱怨，容易冲动，是典型的悲观主义者。低情商的女人经常会陷入一些不良的情绪状态,而自己却毫无察觉,这在很大程度上会影响她们处世的能力,并且会伤害她们的自尊心,打击她们的自信心,甚至会让她们觉得生活已经丧失了乐趣。

女性朋友应该及时地了解平时生活中最常见的不良情绪,以及情商较低的人有哪些表现,并且防患于未然,使自己不要迷失到这些不良情绪当中。

(1)做事全靠心情来决定

情商较低的女人通常会凭着自己的心情来做事,她们一般控制力比较差。当她们心情郁闷、烦躁的时候,什么都不想做,宁愿躺在床上看天花板,但是一旦她们的心情来了,就会非常乐意去做任何事情,甚至使自己筋疲力尽。她们认为,如果自己心情不好,那就无法把事情做好。于是,她们愿意花时间去等待,等自己的心情好了再来做。须不知,有些事情是不能等的,如果碰到工作上的事情,你只会等,那么这件事情早就被别人做了。现实生活中有很多机遇,但是机遇不会来等你,如果任凭自己的心情好坏来决定事情,那么你就只能一事无成。

情商低的女人通常是由着自己的性子做事情。她们总是企图避开消极情绪去解决事情。可是,往往真正到了开始做的时候,她们又会有很多忧虑的问题,担心这担心那,最终时间就在她的忧虑中慢慢流逝,而到最后,自己什么事情也没有做好。

(2)急于成功

情商较低的女人想问题总是不切实际,她们如果想做成功一件事,恨不得马上就能看见效果。可是事情往往不是这么简单,聪明的女人都知道一件事情的成功往往需要自己付出很多心血和汗水,并且需要自己的奋斗才能功成名就。情商低的女人总希望能一步登天,不需要多大的努力就能成功。假如有一次偶然失败了,她就觉得自己永远失败了。

情商较低的女人做任何事情就是三分钟热情,没有耐心。当她们决定要做一位作家时,刚开始还雄心勃勃,但是坚持了没有多久,见自己的作家梦还没有实现,她们就会放弃,没有耐心继续下去。

(3)打击自己的自信

情商低的女人总是喜欢自我贬低。她们常常会因为一件事情没有做好就愤恨自己,认为自己没有能力,贬低自己的价值,甚至会否定自己。其实,往往有时候,越是觉得自己无能,你的能力就越发挥不出来。这就是一个不断重复的恶性循环,最终你的自信将彻底消失。

过分地自我责备与你急于成功一样,都会让你比较容易放弃行动。但低情商的女人以为自己放弃了行动就可以避免失败后遭遇的那种害怕心情。她们甚至觉得如果自己不去尝试,就不会有失败,心里就会坦然、轻松。其实,如果你一再放弃,那么你就没有成功的机会了。

(4)无法走出低沉的情绪

忧愁和厄运常常成为低情商女人熟悉的生活,所以,当她开始面对自己的生活的时候,就会充满了消极的情绪。她们一直沉溺在过去的挫折中,不断地想起自己悲惨的过去,悲叹现实残酷,并且还预言将来的苦难。她们就像鲁迅笔下的祥林嫂一样,总是对别人提及自己的不幸,并且希望自己能够得到同情和怜悯,但她们从来不反思自己的不幸到底在哪里。

她们的心情总是阴暗、低沉,没有一丝阳光。无论在哪里,无论干什么,她们总是显得心事重重、闷闷不乐。她们的注意力总是集中在每一次失败、每一点不幸,所以她们即使在平安无事的时候,也习惯只去体验消极的一面。她们总是充满着痛苦和愤愤不平,在遇到麻烦时就只会责怪别人。

(5)脆弱的自尊

情商低的女人习惯向别人隐藏自己的真实想法,她们脆弱的自尊让她们害怕听到说“不”。她们害怕自己不受别人的喜欢,害怕别人的拒绝。于是,她们在提出自己的要求时,总是顾虑重重。她们很少会对身边的人说关心的话,虽然她很关心,但是她脆弱的自尊使她们在表达自己的感情方面总是被动的。

(6)掩饰自己的真面目

情商低的女人不敢以真面目示人,在她们看来,如果把自己的真面目展现在别人面前,会遭遇到来自他人的议论和评断。她们害怕自己不受人喜

欢，于是掩饰自己的真面目。她们对一些问题不懂也装懂，为了隐瞒自己的真实情况而费尽心思去编织谎言。

(7)以打击别人为乐

情商低的女人通常不会对别人说出赞赏、肯定的话，她们总是企图用轻蔑的眼神、尖酸刻薄的话语来让别人感到惭愧。她们会在不知不觉中打击别人，甚至以此为乐。而当她们自己犯了错误时，则会极力争辩。在她们眼里，只有自己的困难才是重要的，而不管别人的事情。她们想通过打击别人来扼杀别人的积极性，其实，在她们打击别人的同时，自己也被忽视了，冷落了。

(8)赞扬中暗含贬低

通常我们对别人的赞美都是极其真诚的。赞美他人的时候，我们习惯隐藏别人的不足，而挖掘他的长处。但是情商低的女人则是对别人的不足之处紧抓不放，让人很恼火。在她们对别人的难得一次的表扬中也会掺进一种暗含的贬低，来扼杀别人的成绩。看到别人积极的一面，就会说消极的话，让别人泄气。对别人的行为也经常唠叨、抱怨，而从不会考虑鼓励别人。

(9)把成功寄希望于运气

情商低的女人看见别人成功的时候，总是显得愤愤不平，“他就是运气好!”在她们看来，别人的运气总是好的，而自己就是时运不佳，所以成功才不降临。她们总是埋怨命运不公平，心里充满对生活的抱怨，而从来不反思自己是否付出过努力。宁愿独自一个人暗自神伤，却很少为了成功而坚持努力。于是，失败的剧目总是在她们身上重演。

(10)永远的后退者

她们不是没有成功的机会，而是常常害怕暴露自己的不足，给自己泄气。当失败的时候，她们却找了很多理由为自己开脱，不愿意尝试，也不愿意改进。对于偶尔获得的成功，就会觉得是命运的眷顾，而不是自己努力的结果。在选择生活的时候，她们更多的是选择舒适、没有压力的生活。因为自己不努力，而屡屡失败，就会觉得自己不行，就不再尝试了，她们总是这么安慰自己。

高情商女人这样赢取成功

情商较高的女人总是在生活和工作中能够获得自己的成功。她们大都目光长远,不计较眼前的利益。她们考虑问题,总是深思熟虑,做事情,总是未雨绸缪。在生活中,她们能够接受各种情绪的影响,具有很强的情绪承受能力。她们总是以乐观、积极向上的心态面对生活,所以她们常常能战胜人生路途中的每一个艰难险阻,最终摘得成功的果实。

情商高的女人,往往在为人处世上有自己独到的见解和方法,我们不妨借鉴一下,做一个高情商的女人。

(1)心动不如行动

有人说:行动才是真理。有些女人做事总要等到自己心情好的时候才着手去做。而聪明的女人则不会这样,她们一旦心里有了想法,就放开手去做。只有投入到实际的行动中才会发现问题的所在,才会及时地更正,才有成功的机会。

当你对一个计划有所改变或者创新的时候,行动才是取得成功的关键。高情商的女人不管自己的心情处在什么样的状态,都会坚持正常工作。她们努力克服自己的不良情绪,把自己放入一个最可能获得成功的心态中。她们只要有一点点想法,哪怕是不成形的,都会勇于尝试。因为她们知道,如果不去尝试,就永远没有机会获得成功。

(2)坚持就是胜利

我们只看到了围绕成功女人的光环,而没有看到她们背后的艰辛。每一次成功都是汗水和心血的灌溉,没有付出,哪能有收获。要明白,目标是一点一点、一步一步达到的。高情商的女人懂得只要是自己认定的目标，就要努力坚持下去。哪怕前进路途上有不尽的坎坷，哪怕荆棘满地，她们都会咬牙坚持过去，因为她们知道前面就有可能开满了成功之花。聪明的她们不相信一天就可以登上成功的山峰，于是她们学会把失败当作朋友，坚持不懈，直到成功的那一刻。

(3)抓住每一次机遇

有人说："机遇是留给那些有准备的人的。"高情商的女人就善于发掘生活中的每一个细节，抓住每一个机会。如果是今天能干完的事情，她们绝不会拖到明天。她们不会为遇到的困难而忧虑，因为那是无济于事的，只能重复自己的痛苦。她们努力工作，为自己创造改变的契机。面对难题时她们积极地致力于寻找解决问题的办法，而不是坐以待毙。她们愿意从小事做起，并且在不断地积累中获得经验，她们知道这是她们能够成功的必须条件。

(4)积极向上的心态

她们总是对别人微笑，这样她们也能获得别人微笑的回报。她们也对自己微笑，给自己不断的鼓励。她们时刻怀着一颗乐观的心去对待生活，积极向上。如果你改变不了厄运，那么就改变你的心情。拥有积极向上的心态的她们，不但善于克制自己的情绪，而且也在生活中影响着他人的情绪，不知不觉就把乐观感染给身边的每一个人。遇到烦恼时，她们也不烦躁，因为她们知道生气是没有作用的，唯有乐观才能让那些痛苦、烦躁烟消云散。

(5)说话坦诚

成功的女人在第一次与人见面时就直截了当地说出真话。因为你的坦诚，别人会认为你是个可爱的女人，并且会被你的真诚所感动，于是敞开心扉与你交流。说话坦诚，除了要说真话，还要诚实。高情商的女人会诚实地告诉别人她在想什么，她需要什么。遇到意见不合的时候，她也能诚实地说出自己的见解，她永远不会为了迎合别人而撒谎，因为她觉得诚实远没有虚伪、撒谎来得费心思。

(6)微笑面对逆境

有的女人没有等困难到来，就已经逃跑了，而聪明的女人总是微笑面对困难，知难而进。一个成功的人总是要比常人多受一些挫折的磨炼，因为只有经历了逆境的艰险才会获得更大的成功。成功的女人在面对一些困难的时候，也会感到忧虑，但是她们更迫切地渴望能找到解决的办法。于是，她们总是在紧急的情况下发出惊人的潜力，她们把忧虑和恐惧化为力量的源泉，完成了几乎不能完成的任务。

在遭遇重大变故后，她们也能微笑面对，重拾生活的信心。一个成功的人，不在于他有多大的成就，而在于他面对人生惨境时能够以坦然的心来面对。而情商高的女人通常都会做到这一点，正是她们的微笑成为她们战胜困难的利器。

坏情绪不是发脾气的借口

女人通常都很喜欢发脾气，很多女人则是因为自己的坏情绪而发脾气。她们常常因为自己的坏情绪得不到发泄，于是便对身边的人发起脾气来。在她们身边的人就成了她们发泄的对象，无形中成了无辜的受害者。发脾气成了她们为自己的坏情绪找的一个出口，其实，这样来发泄自己的坏情绪是非常不适合的。但是很多女人都通过这样的方式来宣泄。女人不能因为自己心情不好，就无端地迁怒旁人，这样只会给人你无理取闹的印象。聪明的女人就绝不会因为自己的坏情绪而乱发脾气。

小丽在一家大公司上班，平时工作压力就大。这不，最近接手了一个很棘手的新客户。她第一次的提案就被狠狠地打了回来，要求重做。时间又紧迫，客户要求很刁钻，这令她情绪很差。

晚上下班回到家，一进家门就看见儿子趴在地上玩耍，手里拿着的是自己公司里的资料。她急忙从儿子手中抢过资料，再看老公，正悠闲地坐在沙发上看电视。小丽火气一下就上来了："你回来就像个大爷一样，儿子也不管，晚餐也不准备，都打算等我回来做吗？"小丽怒气冲冲地数落起丈夫来，声音也是最高分贝的。儿子一下子吓哭了，老公赶紧把儿子抱在怀里，无辜地问："你今天怎么了？我没有招惹你吧。简直莫名其妙。"说完，带着儿子到书房去了。

小丽还想说几句，可是感觉已经没有力气了，瘫倒在沙发上。

小丽正是把工作带来的坏情绪带回了家。回到家看到那种情况，如果是平时，她也许就随便唠叨几句，可是白天在公司刚刚受了打击，正愁脾气没处发，于是老公和儿子就成了无辜的受害者了。小丽把自己的坏情绪当做了发脾气的借口，干扰了家里的安宁，长此以往会影响家人之间的感情不说，自己的精神也会受压抑。

每个女人都会在生活和工作中遇到很多让我们烦恼的事情，这时候坏情绪已经慢慢在心里滋生，如果再遇到一点点不顺心的事，那么就像地雷的导火线被点燃引爆了一样。为了不殃及无辜的朋友或是家人，我们要学会为坏情绪找个出口。当然，在发脾气之前要忍住，努力克制住自己的脾气。如果你感到怒气正在上升时，在心里对自己说：忍住，再忍住！或者默默地从一数到十。往往只需要几秒钟，几十秒钟，你的心绪就能够暂时平息下来。但是坏情绪还残留在我们心里，它隐藏在那里，我们就要用一些方法来发泄隐藏在内心的坏情绪。可以试着用以下几种方法来慢慢疏导坏情绪，彻底使自己恢复平和的心态。

(1)合理宣泄坏情绪

当你快要发怒的时候，不如赶忙跑到一个没有人的地方，或是对着天空大吼一声，或是跑一圈，或是做一做简单的体育运动。这样，你就能把因坏情绪而残留在心里的能量释放出来，使自己的心情平静下来。如果你遭受了让你十分痛苦的事情，那么你不妨大声地哭出来，也能平息你心里的痛楚。

(2)理智地消解不良情绪

你应该承认你不良情绪的存在，并且要冷静地分析不良情绪产生的原

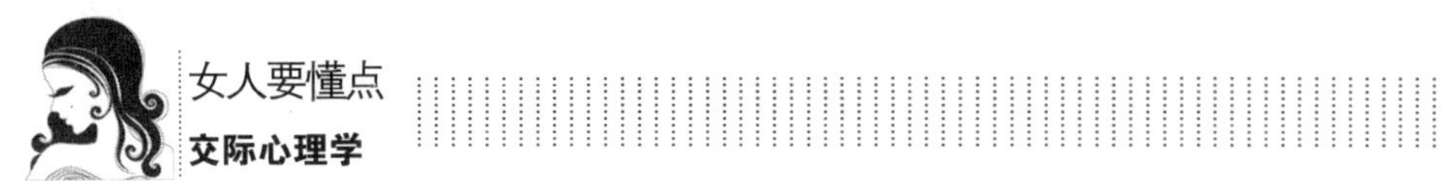

因，弄清楚自己为什么感到烦恼、生气。再试想自己生气到底有没有必要，因为有时候我们没有必要为了别人的错误来惩罚自己。如果确实有生气的理由，那么就要寻找适当的方法和途径来解决它。

（3）转移注意力

你会产生一些不良情绪，那肯定是跟自己切身利益相关的事情，所以将自己的不良情绪遗忘掉是不怎么可能的事情。这时候，你可以关注其他事情来把它转移，或是找自己的知心朋友诉诉苦，或是看看自己喜欢的书，或是听听舒缓的音乐。让自己的心思有所寄托，那么你就会不知不觉地把不愉快的情绪转移到别处去了。

（4）换一个角度，将心比心

当你想因为自己的坏情绪而向他人发火时，不妨事先将自己要说的话先三思一下。换个角度，如果你是那位无辜的出气筒，你能忍受别人对你无端发火吗？将心比心，不要因为逞一时之快，就把愤怒的火洒在别人身上，这样，就会成为恶性循环，你能保证，下一个无辜的受害者不会是你吗？

呵护与闺中密友的感情

在女人漫长的一生中，一定要拥有几个亲如姐妹的好友，这种朋友，有一个温暖的名字，叫“闺中密友”。闺中密友的情分细细绵绵，悠悠长长，一辈子也诉不尽。女人重视爱情，为此至死不渝。同样，女人也注重友谊，因为友谊的灌溉让女人更加芬芳。

人们对闺中密友的理解不尽相同，通常的解释是待在闺中未嫁时就相识的两个女孩儿，或者是某个机会相识的两个女子因为有着共同的兴趣和

喜好，或者共同的遭遇和命运，走得很近，彼此无话不谈。即使有了老公和孩子，仍然可以趁一个晴朗的日子，抛开家务的缠绕，找个清雅的茶社，沏一壶碧螺春，在茶香袅袅里互相倾诉心事。

闺中密友听起来让人很舒心，但一生又能结识几个？一般来讲，有利益牵扯的不行，比如同事、合作伙伴等因为利益的羁绊，一方吃亏、另一方才获利，这在友情建立的初期很难达到平衡。同事之间看似亲密，但一般来说，也很难成为闺中密友。同处在一个屋檐下，竞争、压力、妒忌等使得彼此很难客观、平静地看待对方。因为有功利色彩，即使维系得再好，心中也不能脱俗，一旦利益有了冲突，撕破关系的同时，也免不了伤害感情。

阅历丰富的女人总结出，通常会有两种渠道能成为闺中密友。一种闺中密友是童年或读书时代的同学、邻居，因为知己知彼、知根知底，背景、历史、根源都清清楚楚，她是你的知音，有时，甚至比你自己更了解你，这样的密友是你一生的影子。另一种闺中密友，往往有可能是在同甘共苦中获得的，因为共同经历了某个磨难，知道了对方的人品、性情，日久见人心，就有了信任的理由。

闺中密友虽然亲近，但相互交往间并非可以随意而为。彼此的友谊更需要把握好分寸，这样才会让你们间的友谊长久保鲜。“闺中密友”会给女人带来很多生活乐趣，也许她身上总有一股新鲜的时尚气息，也许她是你情感困惑时的好参谋。但与“闺中密友”亲密相处还要把握一定的距离。

(1)闺中密友也要一视同仁

在社交场合，尤其是一些交际应酬中，对待众多朋友要努力做到一视同仁。虽然你和闺中密友的关系最亲近，但也不能厚此薄彼。不要让你的朋友们感觉你的态度有明显的亲疏之分，不要冷落一个也不要对另一个太热情，通过不同对待来展示友谊是幼稚的。如果你对人有远近亲疏就连你的闺中密友也会感到不舒服，把她推到众人“仇视”的位置。

(2)尊重对方的隐私

再好的朋友也有自己的隐私，在成人的世界里没有谁会让自己在别人面前是透明的。在与闺中密友交往时，如果不是谁主动提起，在交谈中应尽

量回避涉及个人隐私和对方不愿意谈及的问题，否则不仅会引起对方的不悦，也会令自己尴尬。一旦发现自己选择的话题不受欢迎，应立即转移话题，如果是因为自己的疏忽选择了令对方不快的话题，要立即向对方道歉。

(3)管好自己的嘴巴

话不要胡乱说出口，中国有句老话叫祸从口出。在现实生活中，有些女人经常会由于“大嘴巴”而伤人，或是出言不慎，或是讲话无理。对于闺中密友来说，这些表现也许都能担待，但倘若你经常泄露她的隐私，甚至让她难看，你们的关系肯定会迅速恶化。

(4)尽量不要重色轻友

友情与爱情是女人一生中极其重要的两种幸福因素，当一个女人将她与男人间的欢笑趣事或痛苦心酸的往事倾吐给另一个女人时，这两个女人的心会莫名地靠得很近。在很多女人的心理天平上，当深刻的友情与爱情相比时，前者都会缥缈得如同一缕袅袅飞散的云烟。因此，女人在处理爱情和友情的冲突时要格外开动脑筋，提高这部分情商。

有人说，闺中密友是彼此间的良药。一起分享快乐，快乐就成了两份，一起承担忧伤，忧伤就减轻了一半。闺中密友是一剂永远鲜美的心灵鸡汤，无论多艰辛的岁月，总能保持一份气定神闲的圆润。这样的闺中密友，不在于多，而在于精，超越了贫富、贵贱、距离的阻隔，看重的是心与心的交流。寻找这样一份友谊、呵护这样一种感情，寂寞与孤独就会变为分享与承担的快乐与从容。

学会找寻自己的蓝颜知己

女人不仅需要有几个能让自己说贴心话的闺中密友，同样需要爱人以外能够跟自己谈得来的异性朋友——蓝颜知己。

自古以来，知音难觅，知己难求，这似乎是亘古不变的定律。然而，在现在这个通信发达的信息社会，人们可以通过很多方式同他人沟通，比如，手机短信、QQ、MSN聊天、校内网论坛等，可以说是数不胜数。可是，为什么还是有很多女性抱怨“男女之间永远没有纯洁的友谊”呢？原因就是没有学会与蓝颜知己打交道的方式，这看似简单的异性人际关系，实际上内藏玄机。

很多女人觉得不需要有蓝颜知己，有了男友或老公、闺蜜就足够了。可是，闺蜜的最大作用是在情绪低落时听你诉苦、帮你打气，闺蜜只是女人之间的心理安慰剂。在某些时刻我们忽然发现，平日身边车水马龙、好不热闹，可到了关键时候却连一个互相欣赏，可以倾诉，可以信赖，可以获得建设性建议，值得求助的男性朋友都没有，顿感人生很失败。

很多时候，一个知心的男性朋友会给你很大的支持和帮助。女人可以用他在某一领域的丰富知识给自己带来更宽阔的视角和审视问题的方式。他们不带功利色彩的友谊可以给我们带来愉悦和安全感，当然还有满足感，因为你可以跟优秀的男人对话，并且得到他们的欣赏。你在和他们的交流中，自身的素质也会得到提升。

女人要明白什么样的男人适合成为蓝颜知己。一个女人无论是身处象牙塔，还是已经走上工作岗位，身边会不断出现各种类型、不同年龄的男性，那么怎么确定哪些是可以成为自己的蓝颜知己呢？

首先，要了解自己是什么样的性格。如果自己是内敛的，不善于交流的，就要多跟善于言谈、喜欢聊天的人接触，逐渐敞开心扉。如果自己本身就是喜欢聊天的类型，则不用刻意挑选类型，因为即使碰到不善交流的男生，有你在，也不会很闷。其次，要确定自己的处境。如果还在象牙塔，最好多和同班的男生联系，如果已经走向社会，多和身边的男性同事聊聊天，在工作之余，建立友谊。最后，不要因为跟异性交朋友而影响到男友或老公的情绪，要在争取男友或老公的理解基础之上，寻找好的蓝颜知己。当然，如果是通情达理的人，也不会对你交异性朋友有所限制，因为他们自己也有很

多异性朋友。

聪明女人要学会怎样和蓝颜知己打交道。女人天生就比男人真诚，这是一大优势，将之用到和异性朋友打交道上，用心和人交往，真诚的力量会让人无法抗拒。另外，培养友谊需要有耐心，能否成为朋友取决于你的意愿和他的意愿，友谊是需要共同经营的。结交男性朋友不要抱着功利的目的，优秀男人的前途不可限量，如果你只盯着他手里的一个机会或一张订单，那么你对他的认识终止于此。要想赢得优秀男人的友谊，也是有几点秘诀的。

(1)欣赏而非恭维

男人和女人一样，都喜欢听夸赞的话。被人夸奖是一种尊重和认可，但恭维话会让他觉得你虚伪，是出于功利的目的。你应该真心欣赏他，善于发现他的独特优点，他会把你认作红颜知己。

(2)放低姿态求教

异性朋友间经常会就某些工作和兴趣上的话题进行探讨，男性看问题的角度和女性大为不同，因此对待某些话题的看法也会迥异。这时，女性应该虚心向他讨教某些观点，即使他说得并非完全正确，多少也会给你很大的启发。如若经常就某个问题大肆争吵，或者贬低他的看法，你们之间的关系势必会越来越糟糕。

(3)理解他的意图

俗话说“物以类聚，人以群分”。聪明人喜欢和聪明人打交道，异性之间的交往同样如此。你们要有共同的兴趣和话题，在交谈时，更要能迅速理解他所表达的意图，而不是他说什么，你都一头雾水，彼此搭话都很困难。如果你比异性朋友年长，那么你要有有价值的观点与他分享，如果你比异性朋友年轻，那就虚心倾听，做一个好听众。

女人与蓝颜知己在平时可以相互欣赏，在工作上可以给予帮助，困难时可以彼此信任，给予精神上的支持和智慧的启发。与蓝颜知己交往，既要相处愉快，也要保持距离，彼此尊重。而有必要时可以透露一点点心事，可以一起旅行，一起派对，甚至在对方遇到感情问题时真诚地为对方拿主意。在交往中始终以诚相待，彼此之间就能拥有良好而长久的友谊。

第8张牌

女人在职场的社交策略

如今，女人已经顶起半边天，不仅要承担家务，还要兼顾好自己的事业。有调查显示，21世纪的女性在工作能力与成就方面，已经接近男性水平。当然，女人不能仅限于把自己的工作做好，还应该快乐地工作。做一个受人欢迎的女人，才能做出更大的成就。那么，女人如何让自己在职场上人见人爱呢？

要有一定能做好的决心

俗话说:“天下无难事,只怕有心人。”女人在职场里要学会独立地去完成一件事情,这样才会使你受到上司或老板的赏识。或许在独立做一件事情的过程中有一些困难,但是只要你下定决心,那么就没有办不成的事情。聪明的女人总是在上司吩咐任务的时候,不会有畏难情绪,她们永远会把那些艰巨的任务应承下来,然后再去想解决事情的办法。如果你一开始就拒绝了,那么你就永远没有机会获得成功。上司吩咐的事情虽然充满了挑战性,但是却是可以做到的。所以,女人要记住,只要你自己有决心,就没有办不成的事情。

女性要学会用自己的决心来让上司对你刮目相看。为了让自己与男性表现得一样出色,就需要付出更多的努力。女人千万不要为自己冠上弱者的称号,那样只会让你一次又一次地与成功失之交臂。在职场上,拿出自己的信心,相信自己一定能够做得很好。无论做任何事情都要有决心,那才是你战胜自己的秘诀。只要你下定了决心,就要努力去做,不要为自己的偷懒找借口,那是你暗中破坏自己成功的机会。不要什么事情都做不好,给上司一个“花瓶”的印象,这样你的职场生涯只会让你充满了痛苦。其实有时候是我们自己心中的畏难情绪放大了事情的难度,所以才有“自己不行”的想法。能够成功地做好一件事情,关键并不是在于它本身有多难,而是你自己有没有去做的决心。无论工作难度多大,也要相信自己一定能够完成。

作为一位黑人主持人以及《时尚》杂志的模特,备受世人尊敬与爱戴的奥普拉·温费瑞是一位真正的新时代职业女性。当然,在现实生活中并不

是每个人都能成为奥普拉，但是使奥普拉获得成功的力量却是每个人都拥有的，那就是成功的决心。

奥普拉小时候因为家境贫寒只能穿麻袋做的衣服，还曾被人当作“麻袋少女”而嘲笑。因为她是私生女，所以从小她就一直生活在受歧视、受虐待的环境里。她9岁的时候惨遭表哥强暴。14岁的时候，她成了一名未婚妈妈，并且痛失了自己的孩子。这一切不幸的遭遇使她离家出走并沾染上了毒品。可是，当她觉得自己的生活不应该再这样的时候，她开始下决心戒掉毒品，这对于她来说是相当困难的。但是，她还是凭借自己坚韧的意志成功了。为了成为一名优秀的脱口秀主持人，她决心一步一步来，由于她没有很好的基础，所以每一步走起来都是异常困难的。但是她从来没有放弃过，在她的字典里没有什么事情是不可能的，“除非你不愿意去做”。所以，当她站在镁光灯下，成为一名主持人后，她可以大声地说“我从来不惧怕失败”。

并不是每一个人都能成为奥普拉，但是只要你拥有奥普拉一样的决心，就会像她那样获得成功的青睐。没有人能够预知事情的结果，但是每个人都能够通过自己的决心来改变事情的未来，并摘得胜利的果实。聪明的女人总是对自己所接手的工作信心满满，并且有把它做成功的决心，她们在做事情的过程中会幻想着自己成功的喜悦，所以她们往往能够凭借自己的决心做好事情。

无论面对的工作难度有多大，都要相信自己能够完成。从现在开始，不要在做事情之前就去想失败，你可以设想自己成功的场景，不停地告诉自己“一定能成功”，同时下定决心“一定要做好”。拥有这样积极的心态就一定能把工作中的每一件事做好。不要总是困难没有来的时候就逃跑，这样会让你永远失去成功的机会。做任何事情都不要逃避，不要拖拖拉拉，只要你有决心就没有不能完成的事情。只要你有决心，就能够成功，就会受到上司的赏识，就会让你在职场中无往不胜。

在职场竞争中要向泥鳅学习

如果你漫步于田野，就会看见秧田里、河沟里、水池里到处都有泥鳅，它们总是生活在淤泥中，只需要一点水，就可以生存下来。它不像鱼，一旦离开了水就会马上死去，它的生命力极其顽强。泥鳅身上有很多我们可以学习的地方，如柔韧、适应能力强等。如果你能够把泥鳅的这些特点用在自己的身上，你就会在职场中游刃有余、左右逢源，受到上司的赏识和欣赏。

(1)柔韧

泥鳅的浑身就一根"刺儿"，而也是和细腻的肉连在一起，所以造就了它的柔韧。虽然它可以弯曲但是不折，在它身上真正体现了刚柔并济。它在有一点水的小水沟里柔韧有度，收缩自如，自由自在。

在职场中，女人既要有刚强的一面，又要有自己柔弱的一面。刚强，就要使自己表现得像男人一样勇敢，不要总是以弱者自居，在上司面前，要大胆说出自己的见解。柔弱，是为了以弱示强，取得自己的胜利。在适当的时候，女人要展示自己柔弱的一面，懂得忍让、退让，不居功自傲，这样就会获得好人缘。女人在职场中要学会泥鳅一样的柔韧，这样才会使自己在职场中如鱼得水。

(2)适应能力强

泥鳅可以在一条平常的小水沟里，只需要一点点水，哪怕是污水，它也能够凭着顽强的生命力存活。它长时间行于水下，很少露出水面。但是等到沧海桑田，水之将枯，所有鱼儿开始相濡以沫，哀叹末日，甚至惊慌失措，垂死挣扎的时候，泥鳅却可以深深地钻进大地，凭借自己的生存能力熬过严酷，熬过枯竭，并将自己的生命赞歌唱下去。它在逆境中坚定的信念、它的适应能力都是无可比拟的。

由于家庭的原因，她在高中毕业就放弃了继续升学的机会，并且选择在女子商学院的夜校学习。偶然有一次，她在夜校附近的饭馆吃饭的时候，看到件事情：一位客人想在饭店里暂时寄存自己的行李，但是却遭到了饭馆老板的冷淡拒绝。这令她感到不解，她认为饭馆老板可以答应帮忙寄存行李来达到宣传自己饭店的目的，为什么他不那么做呢？

由于这一件小事，她决定了要在餐饮业界发展。此后，她转入了烹饪学校学习。无论当时自己的经济是如何的困难，她都坚持学习下去，甚至宁愿省下自己的生活费去听一堂课。后来，在 1982 年，她开始尝试着在大学路经营一家面食店。她本着“亲切服务的”原则，除了注重面食优质价廉之外，还开展了为顾客寄存行李，出借雨具和送餐等服务。这家小小的面食店很快名声大噪，从最初仅有一个灶台和五种菜品的小店发展成为附近最有名的美食店。

虽然她身处逆境，但是她没有退缩，而是一直把自己当作人生舞台的主角。无论遇到什么困难，她都能凭着自己的力量去克服，并且以主角的姿态演出自己的人生。很多女人在职场中受了一点点委屈就开始泄气，遇到工作上的困难就开始逃避。其实，这时候你需要的就是那种与逆境抗争的能力。学会泥鳅的适应能力，无论你处于公司中的微不足道的部门还是身居要职，都要端正自己的心态。如果遇到了困难，要敢于迎难而上，这样你才会取得胜利，得到上司的赏识，从而成为一个受欢迎的聪明女人。

要明白冤家宜解不宜结

大家同在一个屋檐下工作，几乎天天见面，每天又会因各种各样的事情打交道，因此，同事之间难免会出现这样那样的问题。尤其女人比较敏感，遇到问题的时候更容易往心里去。老话说“冤家宜解不宜结”，对于出现的问题，你要学会积极地化解矛盾，而不是故意激化矛盾。如果想让自己拥有良好的人缘，深受同事的欢迎，就应该拿出你的宽容大度，获得相互谅解，与对方和好如初。

陈莉是公司财务部的一名职员，每个月负责做全体员工的绩效考核表，统一上交公司审批。每到月底的时候，就是她最忙的时候，公司上上下下百十号人的考核表都需要她在很短的时间内完成。其实，陈莉是一个很细心的女孩，但是可能工作太忙了，竟然把市场部一位同事的工资给弄错了。等到这名员工拿到自己的考核表一看，便怒气冲冲地找到陈莉追问原因。当时，她正忙得不可开交，根本没有时间接待这名员工，便安排他去旁边等候。可能是等待的时间太长，那名员工再次找到她，紧接着就开始骂骂咧咧。当时，还有其他的员工在场，对于这突如其来的情况，陈莉并没有过多解释，先向对方道歉，让他久等了。原本骂骂咧咧的声音变成了大声的指责。接着陈莉主动承认自己工作中的失误，在陈莉的一再道歉声中，那名员工再也不好意思继续指责下去，态度转变过来。后来，在场的同事都在背后夸陈莉是个聪明懂事的姑娘。从那儿以后，陈莉在公司的人缘更好了。

原本做错事情的陈莉却因为自己的宽容与勇于承认错误获得了大家的好评，工作中，双方出现矛盾并没有什么可害怕的，如果你能够抱着“冤家宜解不宜结”的心态来对待，那么，不仅可以取得当事人的认同，还可以在周围的人中获得好评，为自己增添魅力。

工作中，女人要想化解与同事之间的矛盾，在办公室建立良好的人际关系，可以从以下几点着手。

(1)态度主动，放宽心胸

女人通常心思缜密，自尊心较强，容易与周围的同事发生一些摩擦。同事之间产生矛盾并不可怕，可怕的是双方把这个矛盾记挂在心上，更有甚者在今后的工作中做出一些报复性行为。如果想成为受人欢迎的女人，你就要学着放宽心胸，尝试着抛开自己的成见，以一种积极的态度去对待对方，不要因为过去的一点小意见耿耿于怀。也许刚开始的时候，对方会心存戒

备，会认为你只是做个样子罢了。没关系，只要你能坚持下去，一定能够等到你们冰释前嫌的那天。能够以一颗宽大的心胸去对待别人的错误，是成为受人欢迎的女人必须具备的基本条件。

(2)勇于承认自己的错误，以独特的人格魅力取得周围人的认可

人生在世，难免会犯错误。出现错误并不可怕，只要能够敢于承认错误，就不会妨碍你成为一个受人欢迎的女人。俗话说："一个巴掌拍不响。"因而，在与周围同事相处的过程中，对于出现的矛盾不能只是把目光紧紧地盯在别人的身上，在要求别人的同时也得先认真地反思自己的问题，对于自己该承担的责任，要果断及时地承认。

通常情况下，无论对方是多么蛮横不讲理的人，只要你能够主动地承认错误，一定会先将对方的火气压下去，使对方激动的情绪放松下来。这样一来，也有利于解决问题。

(3)开阔自己的视野，做一个知书达理的女人

女人想要怀着正确的心态看待与周围人之间的矛盾，就要多读书，提升自己的知识与修养。只有这样，才能使女人真正得道德高尚起来。当你面对职场中的摩擦时，才能真正做到胸怀宽广，不会斤斤计较，让自己远离烦恼，同时也可以增加自己的人格魅力。

女人想要做人见人爱的魅力职场达人，那么，学着化解与同事之间的矛盾吧。

职场宴请，做个大方得体的女人

闯荡职场，女性会遇到各种各样的困难。如果想让自己表现得出类拔

萃，就需要在多方面完善自己。参加宴会，当然也是一个不可忽视的环节。

女士是宴会上不可缺少的一道风景，而那些优雅、妩媚、气质出众的女人更是让人既羡慕又嫉妒。作为初涉职场的年轻女士，要想在宴会上展现自己动人的一面，必须懂得一些赴宴的礼仪，不然就会冒失地丢光了颜面。

小米从小在国内接受的教育就是勤俭节约、艰苦朴素，她学习一直非常用功，从不追求穿衣打扮。她高中时到美国留学，大学毕业后在一家大型的外资连锁公司工作，圣诞前夕，该地区的几个分公司联合在一个五星级宾馆里开圣诞晚会，把总裁也请来了。

那天下午，公司里的女同事纷纷早退，她也没多想。瞄一眼请帖，看到衣着要求一栏写着"正装"，她按照自己的思维习惯想正装不就是西装吗，西装家里有两三套备着呢。

到了晚上，她穿着灰色的西服套装，平底鞋，背着平时上班用的大皮包，连口红都没涂。她老公也好不到哪儿去，棕色西服里面套着毛衣，两人就这样来了。

一进门，她就懵了：富丽堂皇的大厅里，满眼见到的就像电影里演的那样，男士黑西装黑领结白衬衫，女士个个穿着晚礼服，浓妆艳抹，珠光宝气，端着酒杯，三五成群地聊天寒暄。

人们看到他们两人的时候，什么样的表情都有。她这时真是恨不能赶紧找个地缝钻进去。

她自己说用"丑小鸭"或"丑老鸭"不足以形容她的惨状，在那个场合，她简直就是个怪物！

目光所及，看到同事，对方只是轻轻地点个头就避开眼睛，生怕被别人看出来认识她似的。

当第一支舞曲响起时，她和老公就偷偷溜了回来。

此后，她恶补美容穿衣打扮规则，学习化妆技巧，如今已是行家里手。

在参加宴会的过程中，女性应该特别注意从以下几个方面表现自己，以让自己能成为受人关注的焦点人物。

(1)发型的选择

女士的发型应该高雅、庄重、整齐，长发要扎好，或者用发夹夹好。如果做了造型，要使发型看起来整洁，并且与礼服搭配得当，不会让人有不舒服的感觉。女士选择发饰的时候，要注意选择庄重大方又简单的。

(2)饰品的选戴

饰品的重要性对女士来说，仅次于衣服。皮包的选择和搭配在宴会场合中也是不容忽视的。除此之外还有项链、耳坠、手链和手表的选择，都要与整体的颜色统一，而且没有必要将所有的首饰全部戴上，只要衣服选择得当，搭配一两件出色的饰品就足矣了。过多的饰品反而会让人觉得杂乱和繁冗。还需注意的是，无论参加何种宴会，都不要因为自己穿着裙子，就戴脚链，无论你的双足多么漂亮，也无须这种修饰，因为这是很不礼貌的行为。

(3)化妆的细节

彩妆是现在女士们的最爱，一般年轻的女孩子都喜欢化淡妆，给人清新自然的感觉。但是在参加宴会时，也要根据不同的情况来给自己上妆，有些场合气氛活跃，就需要妆容突出一些，像有些女孩子总喜欢把妆化得跟没化似的，是不行的。有时候，高雅的妆容也是烘托宴会气氛的有效方式。如果说商务宴会等比较正式的场合，还是要以淡妆为主，不宜浓妆艳抹。

再者，戴眼镜的女孩子们一定要注意，参加宴会最好佩戴隐形眼镜，这样不仅能够使眼睛变得明亮，也给人清爽的感觉。

(4)香水的味道

香水是女人必不可少的，香香的味道最能体现女性的甜美和品位。一般的晚宴以淡雅的味道为宜，商务宴会不要用味道较浓的香水。香水要喷洒在人体脉搏跳动的部位，如耳后、脖颈、前胸、手腕、手肘或腿膝后。切记香水不要用在腋下等易出汗的地方，否则味道混合会很难闻。

(5)着装要得体

着装是宴会礼仪中最重要的一环，不同的宴会对服装有不同的要求，选择适合宴会主题的服装对女士来说至关重要。通常女士对服装的要求更甚于男士，讲究也多。一般如果是公司同事参加的晚宴，首先考虑邀请函上是否有服装要求，如果没有就要了解主人的衣着品位层次，千万不可随性而至,如若穿得太风光招眼,可能会抢了主人的风头而遭人白眼。

尽管女性的服装比男性要多姿多彩,也更能显示一个女人的品位和审美观,但是有些规则是所有女性都必须遵守的。如正式的社交场合,着装宜庄重大方,不宜过于浮华,而参加晚会或喜庆场合,服饰则可明亮艳丽些。

参加一般的宴会,服装采用丝绒、真丝、雪纺、绸缎之类轻软又富有光泽的面料比较妥当,这些料子因为柔软有垂感能够衬托出女性窈窕的身姿。而晚礼服一般要选择黑、白、红、蓝、黄等纯色,在展现女性优美身段的同时也给人端庄高雅的感觉。

如果是参加婚礼、生日等喜宴,则要选择一些暖色调的衣服,造型不要太夸张,更不要穿大红色,以免犯了喧宾夺主的禁忌。枣红或者砖红是不错的选择,紫色、粉色等也会很漂亮。一般喜宴的女主人会穿着旗袍等中式服装,参加喜宴的女宾们就要注意不要和主人撞衫,否则会很尴尬。

女士在参加商务宴会时,着装一定要注意干净整洁。女士在着装的时候需要严格区分女士的职业套装、晚礼服及休闲服,它们之间有本质的差别。着正式商务套装时,应该尽量避免无领、无袖、太紧身或者领口开得太低的衣服。衣服的款式要尽量合身。在商务宴会中还要注意,袜子的颜色要与肤色相仿,丝袜不能有破损,长度要高于裙子的下摆,皮鞋也尽量避免跟过高或过细,全身颜色最好控制在三种左右。

总之,女士赴宴一定要有所注意,事先多了解一些与宴会有关的事情,才能做更多的准备,不管参加何种宴会,都要做到知己知彼,才能百战百胜,年轻的女士们,加油吧!

举止有分寸的女人更受领导器重

在职场上令女人最重视，或者说最头疼的问题，就是如何与领导愉快相处。下属和上级的这种关系，使得女人必须注意自己的行为举止，把握好言行的分寸。

特别是对于二十几岁的年轻女性来说，初涉职场，与领导的沟通是否通畅，与领导关系是否融洽，这与今后的职业生涯和事业发展有着非常重要的关系。

在与领导相处的过程中，要注意几个问题，把握好自己，才能做到事业稳步发展。

(1)注意与领导交际的分寸

领导是你的上级，你应该对其表示应有的尊敬和礼让。但是工作不分高低贵贱，领导和下属只是分工不同。所以也没有必要逢迎拍马、阿谀奉承，只要做好本职工作就好。

如果你和领导有着非常不错的私交，那么私下往来就好，在公众场合一定要分清上下级关系，说话做事都要掌握分寸，维护领导的尊严和威望。不能依仗这种亲密的关系便对其他员工透露一些领导的个人隐私。作为感性的女人，一定要分清工作和生活上的关系。如果是与工作有关的事，一定要通过正常手续和步骤进行。

(2)对领导的隐私保持缄默

即使与老板关系很好，也不要出现行为随便的现象，进出领导办公室要先敲门，等领导允许后再进入。进入办公室不要偷瞄老板的电脑、文件、手机等，如果偶然发现了领导的隐私，要装作没看见或没看清，并且注意保守秘密，不胡乱传播。不要在办公室谈论领导的家事和私人关系。

(3)与领导沟通要有巧妙的方法

在工作中,与领导巧妙的沟通对自己的工作会有很大帮助。如果你与上级存在着一定友谊,沟通起来就比较容易,不仅可以提高工作效率,也可以最大限度地发挥自己的潜能。

做到良好沟通必然要正确理解上司的指令和要求,切忌似懂非懂、莽撞行事。不懂的问题一定要问清楚,如果真的出现错误,要勇敢地承认,不要把责任推给领导,更不要说“不是您让我这样做的吗”之类的话。

(4)经常对领导表达你的谢意

领导对你的事业发展具有很大的影响,所以与领导搞好关系非常有必要。但是过分的讨好也会令人生厌,一定要巧妙地把握好这个度。

在与上司共同进餐时,如果上司提出请客,要真诚地表示谢意。在领导给你多发了奖金,或是私下给你红包时,都要在恰当的时候表示感谢,但千万不要明目张胆地向领导送礼。

在公共场合与领导相遇,不要躲避,更不要装作没看见,要主动上前打招呼,大方地与其交谈一两句,不要一聊起来就没完没了,占用别人太多的时间。

人情投资量力而行

针对职场人情做的一项调查显示:81%的人越来越重视人情投资,他们认为这是拓宽人际、增强人脉的有效手段,“在特殊的事件送礼、请客吃饭”也已成为常用的方法。与此同时,有16%的人从心里抗拒这种事情,虽然内心纠结,但是还是会照常进行。尽管绝大多数人都知道职场人情重要,但是

并不是所有人都能处理好这件事情。

张雪是一家培训公司的行政人员，工作很稳定，每个月的工资也就三千左右。如果没有什么特殊事情发生，她的这点工资，还是足够她花销的。但是最近她却很苦恼，因为这个月她已经收到三份请柬了。再这样下去的话，恐怕这个月她只能吃泡面了。可是面对别人兴高采烈送来的请柬，她觉得很难拒绝。其实，她心里也明白，同事能够给你发请柬，表明很重视彼此之间的关系，这也是一个人情投资的好机会。可是有些时候这些投资却是"长远"的。比如，昨天她接到的那个电话，对方一上来就热情地称呼她为大姐，并极力邀请她去参加自己的婚礼。她有些纳闷，一时想不起来对方是谁，最后经过对方的提示，才想起来，原来是三年前公司举办培训班时的一个学员，这几年根本没有联系。自己不想去，可是对方盛情难却，最终只能去了。

像关系一般的还好说，如果实在不行的话，自己也就不去了。可是面对公司里的同事送来的请柬，那是无论如何也不能拒绝的。大家天天在一个办公室待着，如果驳了他人的面子，以后还怎么与别人打交道啊！想到这里，她就觉得郁闷。如果再这样下去，她怕自己一个月的工资都不够用的，面对着人情投资，她感觉到害怕。

张雪所遇到的情况是大多数职场人士都会遇到的问题。面对同事的邀请，到底去还是不去？如果别人都去了，自己不去的话，对自己肯定不利。为了让自己能够与同事建立良好的人际关系，许多人都会接受别人的邀请。然而，如果每一个邀请都去的话，以自己的经济能力也无法承受。其实，想要做一个职场上受欢迎的女人，只要能够准确地把握好受施的关系就可以了。原则上，不能欠人情太多，也不要施人情太多就可以了。

那么，女人想要受到大家的欢迎，应该如何面对职场的人情投资？

(1)建立自己的人情账户

想要成为职场受人欢迎的女人，既不能欠别人的人情，也不能总是给别人施以人情。作为职场女人，应该建立自己的人情账户，既要有人情的投资，也要有人情的回报，只有让自己的人情账户平衡，才能与他人建立良好的人际关系。

想要做到人情账户清晰透彻的话，那么，现在就拿一个小本子，记录下所有你认识的人，然后把他们进行归类，哪些是你需要经常联系的，而哪些又是你偶尔联系一下就可以的。

（2）选择恰当的方式表达自己的心意

中国人讲究礼尚往来，但是如果彼此都是用礼来表达自己的心意，只会让双方都处于一种很累的状态中。今天他接了你的礼物，他还得惦记着隔天还你的人情。

因此，女人想要表达自己的心意，送礼并不是唯一的方法。有时，如果没有把握好送礼的时间和地点，还会使对方反感。职场中最佳的人情投资的方法是“顺水推舟”，既不张扬，也容易让对方接受。你可以先了解对方的喜好，如果某人爱化妆，不妨送她一套化妆品，告诉她是自己顺带买的。在同事之间，可以从细节入手，一些小的人情更能取得好的效果。

当然，想要让自己的人情投资平衡的话，还要学会拒绝他人的人情。只有这样，才能让自己不至于背负过多的人情债。女人想要在职场中与他人建立良好的关系，既要懂得灵活地运用人情，还要会巧妙地拒绝他人的人情要求，既不能亏欠别人太多，更不能让别人背负你过多的人情，只有这样才能轻松自在地与他人保持良好的人际关系。

身在职场，适度示弱

夏雨是酒店的一名总经理助理，她刚从大学校园走向社会，是一名不折不扣的职场新人。她的主要任务就是负责酒店的质检工作。为了能够得到老板的重用，她对酒店的事务严格把关，还提了不少合理化的建议。从她的

出发点来说，主要是想让酒店的发展越来越好，可由于她并不了解酒店内部管理的具体情况，虽然，她的想法很多时候的确能够改变酒店当前所存在的问题，但是却也因此会触动一些人的利益，所以，她的一些想法和建议并没有真正落实下来。虽然表面上大家看到她都会客客气气地打招呼，但是相互间还是面和心不和。开始的时候，她并没有发现这点，后来，在旁人的指点下她才明白过来。但是，她想不明白，自己明明是好心好意想致力于公司发展，为什么结果会这样？自己出了力，到头来里外都不是人，上司并没有采纳她的建议，同事们也对她处处提防。

在上面这个案例中，夏雨因为是职场新人，所以不明白一些职场的生存之道。如果想让自己在职场游刃有余的话，就要学会“适度示弱，以退为进”的生存法则。作为一名新进入公司的人员，虽然恪守职责没有过错，但是如果你的所作所为只会让别人处于被否定的状态，那么大家只会把你作为共同的“敌人”对待。因此，如果想要在职场受人欢迎的话，就要学会巧妙的“示弱”，只有这样，才能与周围的人保持良好的关系。

身处职场，每个人都在扮演着不同的角色，或是主角，或是配角。为了能够得到领导的赏识，我们会竭尽全力地完成任务，把自己最强势的一面展露出来。然而，一味的逞强，让自己的锋芒过于外露的话，只会给自己树立更多的敌人。由此看来，在职场上一味地逞强也是无益于工作的开展和人际关系的建立。如果能够适当的示弱，有时反而会收到意想不到的效果。

当然，示弱也并不是让你毫无章法的胡乱表达，有时如果不得要领的话，只会弄巧成拙。那么，想要赢得周围同事的认可，应该如何巧妙示弱，运用以退为进的手法获得胜利呢？

(1)适当承认自己的无知，虚心向他人求教

有一些女人进入职场后，总会觉得自己天姿聪颖、学历较高且经验丰富，做起事来总是一马当先，急于向上司表现自己的才能，其实这种锋芒毕露的做法只会让自己脱离群众，最终陷入孤掌难鸣的地步。因此，那些初入职场的女人应该怀抱恭谦的态度向他人请教问题，只有把公司的各个方面都理清之后，再发挥自己的能力，这才是上策。

(2)看清自己的实力再决定是否接受加薪与晋升

升职与加薪是每一个职场人士都梦寐以求的事情,但是并不是所有的晋升与加薪都代表着荣誉和利益,有时迎面而来的还可能是陷阱。虽然很多时候公司会不遗余力地提拔一些表现突出的员工,然而提升到新的职位,无论是对工作能力,还是管理能力都提出了更高的要求。如果你无法适应新的工作职位要求,就可能让自己处于焦头烂额的状态。这时候既影响了工作效率,又耽误了工作业绩,还有可能让自己处于"高处不胜寒"的境地。

当晋升与加薪到来时,不要过于盲目乐观,要能够分清是机会还是陷阱,如果你已经做了充分的准备,当然无须考虑,只要抓住机会就可以了。如果你明知自己目前还无法胜任的话,不要图一时的荣耀做出错误的选择,而应该适时"示弱",理智地避开工作中的陷阱。

(3)必要时要学会装糊涂

办公室里"小人"无处不在,对于那些专门指手画脚,做事喜欢吹毛求疵的人,想要让自己不被指责,就要学会装糊涂,避免将人际关系搞僵。

办公室里的人际关系处理也是一门艺术,面对办公室里的各色人等,想要让自己能够在职场中自由行走,必要时要懂得示弱,采用以退为进的方法获得良好的人际关系。

第9张牌

用智慧吸引优秀男人

女人都希望找一个优秀的男人共同生活，优秀的男人不仅事业有成，对待女人也是温柔可嘉，但是想要吸引这样优秀的男人却不是一件简单的事情。恋爱中的女人经常被爱情遮住了双眼，容易在爱情中迷失自我，犯一些恋爱中女人经常犯的通病。女人在恋爱时应该保持清醒的头脑，冷静地看待爱情，不要因一时脑热，铸成大错。

吸引优秀男人的诀窍

几乎每个女人都希望自己的老公是一个优秀的男人,可是如今优秀的男人已经是凤毛麟角,再加上现在的美女如云,就如歌曲里面唱的那样,"十个男人七个傻八个呆九个坏,还有一个人人爱",如何吸引优秀男人的目光,让优秀的男人看上你,这也是一门不小的学问。

要想让优秀的男人看上你,就得先了解优秀的男人有什么样的特点。优秀的男人既能创立事业,同时又能兼顾家庭;既有阳刚之气,同时又不乏温情。优秀男人可能长得不是很帅,但是他却很有男人味,他们一般都比较自信、深刻、豁达、让人有安全感,是女人心目中的一座靠山。女人要想征服这样一座靠山,就得有信心、有毅力,甚至可能要用你很久的时间,所以你得做好打持久战的准备。

男人一般都会将自己的抱负全部投在自己的事业上,古语有云"男儿志在四方",似乎男人为儿女情长之事所牵绊是一件不齿的事情。所以现在的优秀男人也几乎将古人的观点照单全收下来,他们一般不会将自己太多的精力放在儿女情长的卿卿我我之上,尤其是在自己的事业还没有建立起来的时候。所以要想吸引优秀男人的眼睛,就得有一些自己的独门绝技方能从众多的女人中脱颖而出。

诀窍一:做一个心细如发的女人

几乎所有的男人都希望自己的老婆是一个心细的女人,优秀的男人更是如此。男人天生要比女人大气、豁达一些,他们不注重小节。女人天生就比较心细,注重小节,要比男人敏感。优秀男人一般对女性的要求是希望找

一个能在生活上照顾自己的人,而不是找一个需要自己去照顾的人。生意上的事情已经够让他们费神的了,如果再找一个需要自己去照顾的女人,自己这不是找事吗?

心细的女人,能在第一时间发现男人心情不好,能在第一时间知道男人压力很大,能在第一时间发现男人未注意身体生病了,这样的女人才是男人心中的知己。在你细心的呵护下,在你心细如发的体贴中,他又怎么会拒绝你的关心呢?

诀窍二:做一个成熟、有内涵的女人

优秀的男人是经过人生的风雨锻炼成的,他有丰富的人生阅历,所以优秀男人一般都喜欢那种成熟、有气质、有内涵的女人,而不喜欢那种涉世不深的女孩。成熟的女人身上散发着一种令优秀男人痴迷的女人味,她们穿着讲究、语言得体、莞尔一笑的神情几乎让男人为之倾倒,优秀的男人亦是抵挡不住这种成熟美。

诀窍三:做一个温柔似水的女人

温柔的女人是让男人最为心动的女人。温柔似水,男人的阳刚在水的滋润下,时间一久,也会变得圆润。优秀的男人是一块上等的玉石,女人用自己的温柔,能将这块玉变得更加晶莹剔透,温润不再冰冷。每一个成功男人的背后,都有一个女人的支持,这个女人必是一个温柔的女人。温柔的女人最懂男人的心,她是男人的避风港,是男人坚强的后盾,她温柔,所以不会让优秀的男人有后顾之忧,有什么事情两个人一起承担就不会让男人有太多的压力。优秀的男人对这样的女人情有独钟,他又怎能抗拒你温柔的魅力呢?

诀窍四:不要做拜金女

优秀的男人事业有成,可是没有一个男人从心里愿意娶一个拜金女,优秀的男人尤甚。优秀的男人大都喜欢自己的妻子是一个贤妻良母,女人虽然不用为家里的财政发愁,不用整天精打细算地过日子,但是不要以为是老公挣的钱,自己就可以毫不顾忌地挥霍,记住你挥霍的可能不是钱,而是他对你的爱。优秀的男人有一个共同的特点就是虽然自己有钱,可是他们总是希望自己的老婆看上自己的是除钱以外的东西。如果你很爱钱，那他肯定会离你远远的。

诀窍五：一定要不断修炼自己的内涵

优秀的男人一般都有小资情调，他们的品位也比较高，所以女人一定要不断修炼自己内在的东西，比如内涵修养等，虽然不指望自己的品位和他持平吧，但也不能差得太远，否则你们能交谈的话题，也许只能停留在很浅的层面上了。这时候你想和他在一起，那不仅是难题，而是天大的难题。

女人生得好不如嫁得好，所以如果自己的确是想找一个优秀的男人做老公，这不是一件不可能的事情，只要透彻了解优秀男人的心理后，自己再下一番工夫，相信不久一定能梦想成真。

恋爱中的女人不要轻易“生气”

恋爱的时候是甜蜜的，恋爱中的女人，人们习惯称呼她们是幸福的小女人。可是有些时候我们也会看见一些恋爱中的情侣，经常因为某些小事闹别扭。经常听见某些男孩子抱怨：“女朋友可真难伺候！”女人在恋爱中好像变得格外易生气，其实如果男孩是真的喜欢你，那就千万不要轻易“生气”，因为经常这样的话，说不定哪天会把他吓跑的。

恋爱中的女人因为有男人的宠爱，潜意识中就会觉得自己应该是被宠爱、被溺爱的人。女孩经常会因为一点儿小事而和男孩大发脾气，其实男孩子应该明白女孩子很多时候不是因为她故意要生气，而是她考验你的一种方式，女孩子对你大发脾气，是她在考验你的忍耐力、容忍心。婚姻是人生中的一件大事，而且是一件风险系数很高的事情。毕竟要找一个跟自己共

度一生的人，这个人跟自己没有任何的血缘关系，而且最初自己对他以前的经历、爱好、习惯等一切完全不理解，现在要在茫茫人海中找一个能跟自己的性格、爱好以及习惯相近并能生活在一起的人，的确不是一件很容易的事情。

意大利女科学家马拉齐蒂研究发现，热恋中的男人更像女人，女人会更像男人。男性会变得更温柔多情，女性会变得更热情奔放，所以在恋爱中，女人更容易变得野蛮，更爱对男友找碴儿生气。之所以会表现出这种不同的情况，是因为女人和男人的性格是不同的。女性在生活中一直都是以弱小者受保护的身份出现的，女人天生有一种依赖性，这就是为什么恋爱中的女人容易依恋男友，这也是为什么女性在恋爱失败的时候，受的伤害比较大的原因。而男人天生就比较独立，他们不喜欢经常被束缚住，有一种初生牛犊不怕虎的气魄，在恋爱中，男人经常扮演护花使者的角色，所以他们会对女人更温柔、更体贴。

没有哪个女人不希望自己的爱人将自己当作是他手中的宝，一直呵护她、照顾她。女人在恋爱中会对男友抱有很大的希望和期待，有些时候会故意跟男友要小性子，她的目的很简单，仅仅是想让男友哄哄她而已。让男人很郁闷的是他根本就分不清女孩子什么时候是真的生气，什么时候是在考验他，什么时候又是在故意要小性子让自己去哄哄她。所以男人会经常陷入困扰，自己到底该怎么做，才能赢得女友的欢心。

如果自己的男友真的很爱自己，其实用这种要脾气来测验他忍耐力的举动，真的不要一再上演。人的忍耐力都是有限度的，他现在为什么可以一再容忍你的任性所为，归根结底，那是因为他爱你，他是真心想要和你在一起，你这样一直考验他，要考验到什么时候，恐怕自己都没数吧。如果你说结婚后就不考验他了，你能保证自己一定可以做到吗？当考验他的忍耐力成为一种习惯后，你可能就很难改掉这个习惯。平时让他宠惯了，现在突然不宠你了，你能习惯吗？

恋爱中的女人应该明白，真正的爱情不是考验出来的，而是发自肺腑的真心爱恋。某些虚假的爱情或者一些掺进利益的爱情，经常会让你这个考官心满意足，但是在他的利益达到以后，你可能会输得血本无归。恋爱是步入婚姻的桥梁，如果你的男友很爱你，而你经常以小姐的脾气来考验他，可能一开始他会觉得这样做没有什么不能忍耐的，但是时间一久，他就会心生怨恨，“脾气真是太大了，老当自己是小孩呢，我为什么就得时时让着你?”聪明的女人应该立即终止这种游戏，毕竟你考验的应该是他对你的真心和真爱，而不是他如弹簧般的韧性。

所以恋爱中的女孩子应该也要学会自制，要小性子不是爱情生活的全部，但是它是生活必备的调味剂，有人爱自己、宠自己是一件好事，偶尔向他要些小性子，也未尝是不可的事情，但是一定要掌握好度。当男孩子被考验的答案和你期望的答案相差很远的时候，一定要告诉他，他什么地方让你不如意了，只有这样下次再遇到这种情况的时候，他才知道自己该如何做，才能博得你的欢心。但愿天下所有恋爱中的女人都能找到自己的如意郎君。

八个让爱情更稳固的好习惯

现在婚外恋的事情已经屡见不鲜，离婚率也是逐年上升，爱情好像变成一种速食品，随时可以更换，难道让爱情稳固下来真的那么难吗？如何让爱情变得更稳固，让恋人之间的爱恋更长久，让夫妻之间的爱情更坚定，让家庭因为爱而更加和睦？在这里，我想给大家介绍八个让爱情稳固的好习惯，愿与大家共勉。

(1)相互尊重很重要

人与人之间的交往，最基本的前提就是要互相尊重，只有你尊重别人了，别人才会尊重你。恋人之间如此，夫妻之间更要如此，双方是互相平等

的关系。不要因为双方的家庭背景不一样，就将自己的身价抬高，在对方面前颐指气使。不尊重爱人是最伤人的一种方式，这不仅会伤害到你们之间的感情，而且也会伤害到对方的自尊心。

(2)要多鼓励和赞美对方

人都爱听好话，尤其是赞美自己的话，恋人一句赞美的话，会让你兴奋一天，刚恋爱的时候，可能恋人一个赞美的眼神就能让你激动一晚上。夫妻之间更应该学会赞美对方，这不是奉承，这是你们表达爱的一种方式。你们之间的爱会让你更容易发现他身上别人不容易发现的闪光点，比如他的温柔、他的体贴。

(3)直接忽略对方无伤大雅的小癖好

两个人是要生活一辈子的，由于两个人是在不同的环境中成长起来的，你们的习惯肯定也不可能完全相同，所以生活中难免会有些磕磕碰碰。对方的某些小习惯可能让你感到不是那么称心如意，你也没有必要斤斤计较，就像挤牙膏这种小事，他愿意从头上挤，难道你非要他改成你那样从底部挤吗？这种事非要争个谁对谁错，有意思吗？你这样不仅会让他对你发脾气，而且他还会觉得你非常不讲道理。所以对这种小事，直接忽略好了，反正他又没有浪费牙膏。

(4)亲密不要流于形式

恋人之间的亲密行为可以增进彼此之间的感情，就算是老夫老妻，偶尔的亲密行为也会让人忍不住的心旌荡漾、重现活力，可见爱人之间的亲密行为的确有种魔力。很多恋人因为接触久了，对对方已经失去了原来的新鲜感，很容易将亲密行为流于一种形式，本来亲密的行为是双方爱情的升华，现在却变得平淡，让你疲于应付，这样的行为除了会让对方产生深深的挫败感外，还真没有其他什么好处。

(5)每天都要和对方联系

恋人之间不管每天要见几面，在见不着面的时候，一定要和他联系，尤其是男人，一定要和自己的爱人联系。女人感情丰富，热恋中的女人更是如此，尽管她们有时候一天都在忙忙碌碌，可是在你的信息到达的那一刻，她会毫不犹豫地放下手中的工作来看你的信息,在没有你消息的时候她会时不时地拿起电话,唯恐因为一时的疏忽漏掉你的信息或电话。女人不管自己多忙,也要每天抽出几分钟给你的他发个信息或打几分钟电话,让他知道你的思念。

(6)双方有分歧的时候,一定要沟通

有对恋人,他们之间最近分歧特别多,两个人经常是三天一大吵,两天一小吵,吵来吵去,问题始终没解决,遇到问题还是吵,两个人完全不知道要怎样跟对方进行沟通。其实两人出现分歧是再正常不过的事情了,父母和你生活那么久,不也是有分歧吗,只要心平气和地沟通,双方都退一步,什么问题解决不了? 只有沟通,你才能知道自己和对方闹分歧的原因是什么,说不定通过沟通,你们会找到一种折中的办法,可以做到两全其美。

(7)双方不一定要完全透明

恋爱中的一些人很容易将自己以前的事情交代得清清楚楚、明明白白,包括自己交了几个异性朋友这种秘密。这种做法也许不但不会让你的恋人觉得你很坦白,反而还会增加你们之间的隔阂。有些时候该隐瞒的事情你就不必向他说,每个人都有秘密,只要与你现在的爱情不变,你就让它烂在肚子里好了。

(8)吵架的时候一定要有个度

有些恋人吵架,完全不知道避讳,将对方的隐私当成是一把利剑,直接刺向对方。为了发泄自己心中的怒气,什么话都说,什么人都骂,只要和对方沾上关系的,哪怕是他家的小狗,也一块儿骂。这与泼妇的行为有何区别? 有些人吵架的时候头脑一时发热,将自己郁结在心中好长时间的话一起说,新账老账一起算,陈谷子烂芝麻的事也要被揪出来重新温习一遍,唠唠叨叨没完,对方怎么会不烦你?

亲爱的你,现在心中有些数了吧,让爱情稳固下来不是一件难事,只要细节处理好了,难事也会变得易如反掌。

女人有个性魅力，男人才会爱

喜欢看经典美剧《老友记》的朋友们都知道，第一季第一集就上演了新娘瑞秋在婚礼上逃跑的闹剧，她穿着婚纱，光着脚，手里提着高跟鞋，在大街上一路狂奔来到朋友所在的咖啡馆。这是个不按套路出牌的女人，可是极有个性的她却令一个又一个男人为她痴狂。可见，有时候男人也会喜欢一个永远也琢磨不透的小魔头。

看过经典爱情电影《我的野蛮女友》的人都知道，全智贤在片中扮演的野蛮女友让男友整天对她毕恭毕敬，但是倒霉男友还是经常“惨遭毒手”。这个野蛮女友不高兴时就对车太贤扮演的倒霉男友拳打脚踢，男友被打得嗷嗷叫，身上被掐得青一块紫一块，惨不忍睹。而且，如果男友惹她生了气，她会没有任何预兆，一声不响地跑掉，倒霉男友需要花九牛二虎的力气才能找到她。

也许有人会说，这简直就是受罪，还谈什么恋爱。可是倒霉男友不是这样看问题的，因为他发现偶尔发脾气的野蛮女友是个细心、善解人意的温柔女友。最重要的是，跟她在一起生活不乏味，她的点子多得很，其实，这样的恋爱谈着才过瘾。而且，感情上的事本来就是周瑜打黄盖。

小京是个漂亮的女孩，身边总是不缺少追求者，但是小京的要求很高，从不轻易答应对方。小京认为既然找，就找一个好的，不惜众里寻他千百度。在大学期间，有一个男生学习成绩、能力、人品都不错，毕业了，他俩更是碰巧到一个城市去工作，于是联系更加密切了。后来男生加紧了攻势，打算一举拿下小京，但是，他的如意算盘打错了。小京不怎么主动，但是也不拒绝对方的邀请，男生经常为此陷入困惑。而且，小京居然在察觉对方要向自己表白的时候玩了一次“消失”。男生怎么打电话也不接，家里、单位也找不到人,他一下就慌了,以为这次真的完了。可是没几天,小京又“出现”了,与他的交往跟往常一样,就跟什么都没有发生过似的。

家里人知道小京考验对方的事后都劝她不要太过火了,既然人不错,工作也不错就赶紧同意,把事办了,别到最后把人家吓跑,就得不偿失了。可是小京却一副胸有成竹的样子,并自信地说:“真金不怕火炼。”又经过了几轮折腾,男生依然很坚韧,没有退缩,小京充分肯定了自己的选择,于是答应了对方的求婚。最终,两个人步入了婚姻的殿堂。

也许这样的女人对有的男人来说是梦魇,但是事实上这样做对双方都是有好处的,不经历考验的感情怎么能稳固?女人的要求提得越多,男人面临的考验就越多,这样看透一个人的机会也就越多,选择理想对象的成功率也就越高。现在很多男人的心理是容易到手的,并不怎么行动,不容易得到的,反而不会轻易放弃认输,而且越战越勇,甚至近乎疯狂。好多人都有这样的心理,那就是越容易到手的就越不在乎,经过千辛万苦争取来的,反而会加倍珍惜。因此,女人的考验也是吸引对方的一种技巧,所以,不用顾虑太多,尽管做你想做的自己,展现你的个性魅力这样才能抓住他的心。

在爱情中要有争取的态度

做个与世无争的女人,没有妒忌,没有怨恨,也没有怨言。每天开开心心的,有空就和朋友玩。其实这样的生活很简单,但是对待爱情,不能抱着“与世无争”的想法。因为这样爱情会从你身边溜走,要把握住你心中的那个男人就不能不争取,只有你不服输,敢于去争取,才能获得胜利,得到爱情。

小珍是个从小不喜欢和人争的女孩，长大了也一样，很想一辈子就这样与世无争，大家和睦友善多好，何必你夺我抢。但是这样单纯的念头一点点地被生活里的点点滴滴磨碎，然后随着时间的流逝消失得无影无踪，这和小珍的一段爱情经历有着很大的关系。

小珍考上大学后便投入到了紧张的学习之中，因为她的心中有一个更大的梦想，就是考研。勤奋刻苦的小珍每天都到教室里自习，所以逐渐有了一个固定的位置，每次进到教室就到那个位置坐下。几个月的时间过去了，她发现在她的斜前方总是坐着一名男生，和她上自习的时间很吻合，所以每天都能见到。后来那个男生也注意到了小珍，于是，两个人在一次偶然的闲谈中结识了，这个男生就是小俊。

随着两个人的接触不断增多，两个人的感情也在逐步升级。后来，小俊向小珍表明了自己的爱慕之情，但是，从小内向的小珍一时慌了神，没有说同意，也没有说不同意，但是她还是喜欢小俊的，于是她开始和小俊约会了。小珍和小俊在一起，感到很幸福，但是有一件事让小珍很犹豫，那就是有另一个女生在追求小俊。

那个女孩心地善良，感情比较开放，对待自己喜欢的人会全身心地投入，甚至会去和竞争对手争。小珍当初的态度就比较模糊，再加上由于性格内向，总是一副与世无争的姿态，对待小俊也是不冷不热，这让小俊心里开始怀疑他们之间的感情。与小珍竞争的女孩不但一直不放弃，而且越来越积极。此时的小珍不但没有去和那个女孩以及小俊讲明自己的态度，甚至从小“与世无争”的心态开始让她有了“祝福他们”的想法，无意识中打了退堂鼓。结果，小珍弄丢了自己的爱情。

词典里“与世无争”的释义是不跟社会上的人发生争执。但是现实生活中保持一种与世无争的态度，是一种消极地回避矛盾的处世态度。现实总是不尽如人意的，多情反被无情扰。有人曾说过“在我们的现实世界里，在这个腥风血雨的江湖上，与世无争就等着被打吧”。也许有些夸张，但是的确真实地反映了这种现象。因为别人做不到与世无争，就算你自己再不想与别人争夺什么，可是别人不这么想，所以要换个角度想。在现实中碰得鼻青脸肿的人会明白一个道理:与世无争还得争,不是自己的不去抢,是自己的一定要争,与人为善是好的,但不要委屈自己,老实,但不要窝囊。

对待爱情就是需要一种争取的态度。虽然对很多人来说,这很难,但是为了以后的幸福,必须这样做。爱情本来就不会一帆风顺,总要有坎坷,所以你要激励自己,想着别人能做到的,自己也能做到,而且会做得更好。但是这样鼓励自己并不是说要为了争到爱情不择手段,而是说要有这种积极的态度,即使结果并不尽如人意,但是你争取过了,就无悔了,否则,留下的只能是遗憾。

不要让男人牵绊你的情绪

很多女人的情绪经常会被男人左右,男人成了她们生命中的所有兴奋源,没有男人的陪伴,她们就会表现出无限的失落,每天都在思念中度过,她们在爱情中已经迷失了自我,这是一件很危险的事情。

男人不喜欢女人任何时候都跟自己在一起,男人是不受拘束的,他们有一种不羁的性格,男人是喜欢独立的。男人自古以来就是以强者的身份立足于社会,他们有事业要去闯,他们有家要赚钱养活,他们有孩子要进行教育,所以男人的担子都是很重的。他们有自己的原则,他们喜欢独立的生活,爱情是他们生命的一部分,但不是主要的部分。男人一直以来对感情都是拿得起放得下,女人与男人的不同之处,不仅是生理方面的不同,主要还是心理方面的不同。

在恋爱的时候,女人一直扮演着受保护的角色,再柔弱的男人在女友的面前也会变得阳刚起来。女人在恋爱中习惯跟着男人走,至于要去什么地

方，她自己则完全不关心，只要和心爱的人在一起，去什么地方又有什么关系？男人的爱让女人在恋爱的时候，智商变为零。她像被催眠了一样，任由男人带着自己遨游。

王艳是一家公司的小职员，新近交了一个男朋友，两个人刚开始交往的时候感情特别好，下班以后经常在一起。王艳甚至觉得自己是世界上最幸福的女人，上班的时候就盼着赶紧下班去找他，不忙的时候就给他发信息打电话。可是不知道为什么，最近一段时间，男友经常躲着她，打电话也不接，发信息也不回，王艳不知道这是为什么，所以她最近的情绪一直很低落，整天感觉日子都快过不下去了，没有他的日子，生活也变得无味起来。后来男友给她发信息，他不想过这种天天被束缚的生活，整天就这样被王艳黏着，自己连点自由空间都没有了，他想让两个人都好好地静静。

其实在生活中王艳这样的例子不少，有的女人一旦谈了恋爱，就容易被爱情迷住了眼，她看不清以后的路，她只知道应该凭着自己的感觉走，女人总有一天会为自己的这种感性行为埋单。

女人都喜欢点子多的男人，因为他会制造浪漫，老实的男人按部就班的生活让女人感到平淡。“坏”男人经常会给女人制造一些意想不到的惊喜，女人就这样在男人一次次的浪漫中，慢慢地陷入其中而不自知。

聪明的女人不会围着男人转，她拥有自己的空间，拥有自己的交际圈，没有男人的陪伴，她不会觉得孤独，相反她一样会为自己制造属于自己的快乐。女人交男友谈恋爱，是一种感情的归属，你不是他的奴隶，他也不是你的国王。很多女人在交了男友以后，就没有了自我，什么都要跟着他走，他说什么就做什么，连自己的个性都没了，假如某天他厌烦了，你还怎么找回当初的自己。

一位明智的人曾说过，两个人结婚就像两只刺猬靠在一起过冬，要想依偎在一起，就要各自拔掉身上一半的刺，否则就会将对方扎伤。恋爱中没有了自我的女人就是将自己浑身的刺都拔了，他在你身边的时候，他还可以保护你，如果他因某些原因从你身边消失的时候，谁还能保护你，没了刺的你，到哪都会让人欺负。

恋爱是件好事，但是在恋爱中的女人也要有自己的思考，不要事事都依赖男人，自己的情绪还得自己做主，不要奢望自己去左右他人，不要让男人牵绊你的快乐，只有这样你才能将自己的爱情经营得红红火火。

你的好要让那个男人知道

女人要学会表现自己，不要把自己埋在“深巷子”里。有独特魅力，让男人魂牵梦绕的女人就像陈年的好酒。虽说“酒香不怕巷子深”，但是现在繁忙的社会，让男人们很少能有充裕的时间用在去深巷里寻觅“好酒”。所以，要尽可能在第一眼就给对方一个闪光的亮点，使其对你印象深刻。

女人表现自己的机会很多，现代社会是重视交际的社会，在交际场合展现自己无疑是一个不错的机会。要想在与他人的接触中引起他人的注意，并且让人接纳自己，首先从注意自己的言行举止入手，树立自己的良好形象，从而发挥自己的优势。

在没有真正接触一个人之前，一个人的外表是给人第一印象好坏的决定性因素，一个穿着装扮优雅动人的女人才会成为人们关注的焦点，因此，对于外表的修饰要引起重视。要保持仪表整洁大方，适当的化妆不仅可以让自己美丽，而且是对他人的尊重，不要不修边幅，邋遢的女人会让人避而远之，更别提吸引了。穿着打扮以得体为尺度，打扮要有自己的风格，而且要有一定的尺度，忌讳过分华丽，也不要显得粗俗或所着装束与自身身份不相配。

而后要在谈吐上展现自己的魅力，交谈是对方进一步认识你的桥梁。谈话的语气、声调、面部表情以及肢体语言的综合运用会给对方留下一个更

为生动的印象。说话语气要柔和，不要生硬，不要带有质问的语气。语调要平和，心平气和是交谈的美德，这需要虚心、诚恳、坦白和尊重。逞一时之快难为对方，必然会使交谈不欢而散，于人于己都没有好处。面部表情要放松，适当地微笑，这样能体现一个女人的温柔美。恰当地运用肢体语言，表示对对方谈话内容的重视或者肯定。交谈的内容要避免某些敏感的问题，涉及机密、个人隐私等问题，不宜发问。有意见要当面讲，不要背后议论别人的长短，人与人之间难免有意见相左之时，私下当面坦率地讲出来。当面不讲、背后乱讲别人坏话最令人反感，在贬低别人的同时也损害了自己的形象。交谈很能体现一个人的内涵和智慧。

待人接物看似普通，却可以从细节上最大限度地体现一个人的修养，并且可信度很高。所以，从待人接物上表现自己是一个不错的选择。待人要和气，有人情味，不可冷若冰霜，无论生人熟人、权高位低都是朋友，每个人都有自尊，以礼相待会令别人对你心存好感，拒人千里之外、没有人情味的人，不会赢得别人的尊重。要守时讲信用，不要随意应约，要考虑清楚，确定没有问题时再答应对方，不能应约要解释清楚，这样不仅能体现你的严谨，而且会给对方信任感。每个人都希望别人讲信用，守时间，对说话不算数的人都非常厌恶，所以要特别引起重视。另外，要乐于助人，不要只顾自己。现在是讲究双赢的时代，一心为己的人最终只会被人识破而众叛亲离。对别人的关心和爱永远是有价值的，人离开了情就等于是一架机器而已。

容貌主要靠先天基础，气质风度则靠后天培养，姿色恐怕只能征服一部分男人，气质风度却可征服各类男人。集姿色与风度气质于一身会令所有的男人都拜在你的石榴裙下。只靠姿色只会获短暂利益而难长久，女人在表现自己的时候要注意内与外的结合。不仅要外表美丽，而且要让对方体验到你的内在美。美丽的女人人见人爱，但真正令人爱慕的，往往是具有魅力的女人。所以要丰富自己的知识，让自己总能和对方找到共同话语。生活在自己的信念中，也就是有自己的思想，很独立。要富于变化，不要让人摸透自己，这样会给对方无限的遐想，使你充满神秘与魅力。

第10张牌

用智慧创造人见人羡的幸福婚姻

女人的幸福是掌握在自己的手里的，而不是掌握在男人的手里。

有女人调侃说，幸福的婚姻大致有着相同的内容，然而不幸的婚姻却各有各的不幸。创造一个完美的婚姻是每一个女人的追求。实践表明，那些能够保持婚姻美满的女人，都是懂得经营之道的幸福女人。女人必须掌握哪些营造美满婚姻的技巧？从这里你可以找到答案。

独立多一点，对他的依赖少一点

很多女性认为找到那个属于自己的真命天子就可以得到幸福，其实这样的想法是片面的。找个好男人固然重要，但是你的幸福不是由他决定的，而是你自己。

小云的丈夫是个商人，英俊潇洒，又很会赚钱。小云是小鸟依人型的古典美人，温柔贤惠，对丈夫言听计从，总是把家里打扫得一尘不染，整理得井井有条。两个人，小云主内，丈夫在外打拼，新婚生活很美满，是让人羡慕的一对。小云也认为自己找到了归宿，整天沉浸在幸福中。

但是小云结婚后就完全与外界隔绝了，并且把丈夫放在第一位，每天的精神寄托就是盼望丈夫早点回家陪自己。开始时，丈夫每天按时回家，小云就像一只快乐的小麻雀，为丈夫做饭，饭后给丈夫揉肩。

几个月过去了，丈夫回家开始变晚了，小云以为丈夫忙，就没有在意，她尊重丈夫，从来没有过问。但是后来丈夫不但回家晚，而且脾气很暴躁，对小云的态度也非常恶劣，经常挑三拣四，甚至嫌小云整天在家就像一个家庭主妇。小云委屈，整天以泪洗面，但是她还是认为是丈夫太忙了，而自己做得不够好，让丈夫心情不好。小云一直忍着，直到一次从街上买菜回家时碰到丈夫和另一个浓妆艳抹的女人在一起，小云的心像被针刺，她回到家里浑身颤抖，但是不知道该怎么办。

丈夫很晚才回到家，小云第一次开口问丈夫为什么回来这么晚，丈夫居然毫不隐瞒，并且很冷漠地告诉小云他已经喜欢上别的女人，决定和小云分手。小云顿时觉得天旋地转，眼前发黑。她的世界仿佛瞬间消失了，可怜的

小云被冷血的丈夫抛弃了。

一个女人要拥有独立自主的思想,要有属于自己的世界。女人不是男人的附属品,女人应该是独立的,有独立的思想,独立的人格,独立的情感。很多女性在准备结婚时,会对丈夫说:“我把自己的一生都交给你了,你一定要给我幸福和快乐。”女人把自身的幸福交给他人,这是一种托付的心态。这样的女人依赖性很强,一旦失去了依赖对象,她就会变得紧张、不安,她的天都会塌下来。小云无疑是“对丈夫过度依赖”的牺牲品,这是值得每个女人引以为戒的。女人要争取自己的幸福,而不是靠男人给予,而且,女人对自己的男人要管,不能任其为所欲为。

做一个独立的女人,保持对生活的热爱,遇到任何事情都要有良好的心态,每一天都开开心心,脸上带着笑容。独立的女人都会善待自己,因为她懂得如果你不重视、不在乎自己,别人自然也不会在意你。

摆脱对男人的依赖、做一个独立的女人的最好办法就是有一份能够养活自己的工作。工作能让女人维持一个对外联系的交际网,这样她就会有自己的生活圈子,自然就会有一套属于自己的思想体系、思维方式,而不是男人说什么就是什么。在工作中,女人会注意自身的形象,会努力地装扮自己以获得同事或者上司的赞赏,所以工作还能让女人保持年轻美丽。没有工作的女人会越来越落伍,跟不上时代的步伐,以至于被社会遗忘。当一个女人成为全职太太时,她跟丈夫的距离也会越来越远。拥有事业可以为女人提供一个长期而广阔的发展空间,让女人展现自我价值,更能带来无与伦比的成就感。

另外,一个女人需要具备丰富的内涵。智慧可以让女性的美更持久。姿容美丽的女人可以让人爱慕一时,但是有魅力、有内涵的女人才能让人爱慕一世。有智慧的女人知道自己的一生应该如何度过,应该怎么去获得自己想要的生活,她们会用耳朵认真倾听,用心细细体会,她们遇事会考虑得全面而周到,有内涵的女人大多是独立的女人,而独立又是获得幸福的前提。

让自己活得精彩，让男人为你神往

女人要让自己活得精彩，只有这样才能让自己充满魅力，令男人神往。具体怎么做才能让自己精彩？女人可以从以下几个方面进行雕琢。

(1)身心健康

身体是革命的本钱，一个健康的体魄是工作和生活的基础。在林妹妹和薛宝钗之间，八成以上的男人都会果断地选择后者。在这个节奏明快的现代社会，林黛玉那病弱的身体怎能支撑她搏杀于职场，又有几个男人会喜欢经常处于病态的女人？女人必须身心健康，精神焕发。

(2)保持距离美

保持仍如初见的感觉很难，但也不要让老公轻易看透你的心思，需要保留自己的神秘感。不能把自己的一切向对方和盘托出，让他永远琢磨不透，才能不断地探索你。很多女性结婚多年，但老公对她们依如初恋的感觉，距离美就是其中的奥秘。

(3)要有才华

女人除了美貌，还要有灵魂，否则便会沦为花瓶。如果美貌使女人光芒万丈，才华就会使女人魅力四射。古代的美女大多都会琴棋书画，如此内外兼修的女人才能算真正的美女，才能为男人所着迷。

(4)心态要好

女人应该心态平和，处变不惊，再棘手的事情也能理清头绪，逐一解决，再大的挫折都能直面。女人应该内敛，张扬是处世大忌，但是也不要给人一种平庸的感觉，保持一颗童心，青春洋溢，乐观向上。即使红颜慢慢逝去，阳光般的态度不会消逝。童真不是幼稚的代言，不是矫揉造作，而是以年轻的

心态去面对。待到老去的那一天依旧同爱侣徜徉青草湖边，展露女人独有的浪漫情怀。态度可以决定你生活的方向，绽放青春的女人最精彩！

(5)培养气质

如果说美貌是天生的，气质就是后天修炼成的，所谓腹有诗书气自华。气质不能投机取巧地移植复制，必须有一些阅历经历才能得以深沉，渐渐成为举手投足间不经意流露出的气息。一个女人如果没有自己独特的气质，那么会失之个性，流于俗气。这就要求你不断地完善自己。女人要多看书，多学习，用知识丰富自己，使自己更有气质，在家也要适当注意着装，不管干什么，动作要优雅。任何一个男人都会喜欢一个温柔漂亮而又善解人意的女人。无中生有，搬弄是非的女人是没有一个人喜欢的。

(6)充满自信

不要抱怨在不美丽的外表下没有人发现你的内在美、没有人给过你注视。人生之路没有任何优待，所以要有攻无不克的信念，相信自己秉持的独有特质同样会有炫目万丈的精彩年华。

做“要嫁就嫁灰太狼”式的女人

中国传统思维里，女性的性格偏向克制、隐忍含蓄、内向，女性要遵从“三从四德”。

俗话说“嫁出去的女人，泼出去的水”，过去有“嫁鸡随鸡，嫁狗随狗”，对男人只有一个字“忠”。毫不利己专门利夫，婆婆叫她往东她绝不往西，低眉顺眼贤良淑德，是容易控制而且毫无主见的木偶，一般人家都愿意找个这样的女人做儿媳妇。

但是对于现代人来说，这些颇有封建色彩的礼教已经不再适应社会的发展，虽然尊敬长辈和相夫教子还是值得提倡的，但是现在更多地强调的是人与人之间的平等，尤其是重视女性的权益。

新中国成立后，国家的政策一直在努力提高女性的地位。如今，女性的地位已经有了明显的提高，而且女性对争取自身的权利也越来越重视。传统思维也在发生着变化，大男子主义开始受到抵制，于是就出现了“做人要做喜羊羊，嫁人要嫁灰太狼”的口号，后半句已经成为女性在选择婚姻的问题上很流行的一种观点。

看过动画片《喜羊羊与灰太狼》的人都知道，灰太狼可不是一匹普通的狼，他和真实的狼是不同的。他老实、忠厚、懦弱，完全掌控于他的媳妇红太郎之手。他一直秉承一切以老婆为主的态度，任凭老婆提出多么无理的要求，灰太狼都会照做，而且勤勤恳恳、毫无怨言，他常说的一句话就是“老婆，我给你抓羊……”

要嫁灰太狼的想法正体现了现代女性的思维，她们不甘于被束缚，而是要争取自己的权利，不要求男人完全听自己的，被自己所控制，但起码有事情要和自己协商，两个人共同做决定，坚决杜绝大男子主义。做一个具有新式思维的现代女性，不仅能与现在的社会发展接轨，而且能让自己具有独特的魅力。现代女性的思维有以下几个特点。

(1)家庭中争取权利，但是自己一定能独立。女人最基本的独立条件是要会做饭。不必会做满汉全席，可是你至少应该能够喂饱自己。会做饭的女人能把自己的生活安排得井井有条，并且不那么容易失去那个男人，更加不那么容易迷失自我。

(2)至少有一两个蓝颜知己，还要有几个闺中密友。永远有自己的仰慕者，却永远与他们保持一定的距离。男人都有虚荣心，女性千万不要和你的蓝颜知己交往过于密切，如果交往超过适宜的尺度，一切都将不再美好。女人的心思毕竟还是女人比较懂，所以要有几个闺密，如果你没有这些能陪你从工作聊到感情并无所不谈的朋友，那么你一定会后悔一辈子的。

(3)有让你着迷的兴趣爱好。不管是画画、写作，还是购物，要有一样你

感兴趣的事。你要做的是让他明白他不是你的天，除了和他在一起你还有很多开心的事情可以做。但是不要高估自己，也不要低看他。可以学会自恋，你要他多爱你，你就要多爱你自己。连自己都不爱的女人，他凭什么来爱你。

做一个具有现代思维的女性，为自己做主，不要把自己交给别人，那样只会变成一个没有灵魂的空壳。青春本就短暂，所以要活出真精彩，才无愧于心。要让自己幸福，而且要记住这是为了你和他都能够幸福。

女人“示弱”，男人反而软弱

夫妻相处是一门艺术，两个人从认识到走入婚姻殿堂，这中间的一切也许都很美好，很多女人以为自己会这样被他宠爱下去，婚姻是彼此爱情的见证。而很多过来人却很现实地说，婚姻是对爱情真正考验的开始。夫妻之间相处，争吵、误会难免发生，有人说夫妻之间“床头吵架床尾和”，丈夫和妻子就像牙齿和舌头，长期在一起难免发生小摩擦。

夫妻之间吵架，很多时候都是为了一些琐事，而女人一般比较小心眼，常与恋爱时男人热恋自己的情况相比，自然也就会产生情绪。但是男人与女人不一样，他们都比较现实，他们觉得婚姻只要两个人生活在一起就行了，哪来的那么多的浪漫？与其花时间去讨好女人，不如想办法多赚点钱回家。面对女人的抱怨，男人总是用理智来面对，甚至有些男人搬出一堆大道理来与女人讲道理，非得争个你对我错才肯罢休。其实夫妻之间哪来那么多的对与错？

这时候女人就应该发挥自己的长处，向丈夫“示弱”，“化干戈为玉帛”。

而很多女性在这种情况下,认为男人就应该让着女人,定要发挥女性的语言天分证明自己绝对有理而老公绝对有错,这就有些过了。就算你争论赢了,但是你还是输了,因为争论赢不了他的心。

如果你把丈夫批驳得面红耳赤、哑口无言,难道这就是胜利吗?他不说话,只不过是认为一个大男人不值得和老婆较真,更严重的是他会以为你不可理喻,不愿意再浪费心力了。想想看,是一场小小的争论重要,还是你们长远的感情更重要呢?明达的人早就说了,“夫妻之间没有胜负,要么双赢,要么两败俱伤”。

很多夫妻之间的矛盾就是由一些小事产生的,下面有一个场景。

“亲爱的,我非常爱你。”丈夫说,“但是你必须别再找我的错了,你快把我逼疯了。我敢打赌,不到一分钟,你就会找出什么错来!”

“行,让我们赌吧!”妻子答道。不一会儿,妻子突然说:“这里真热,你为啥总不开电扇呢?”

“哈!”丈夫叫起来说,“我知道,不到一分钟你就会找出一个错来。”

“嗯,”妻子承认道,“那我坚持了多久呢?”

“30秒。”

“30秒?”妻子大吼,“我不是告诉你不要买外国表吗?”

这就是导火索,战火要蔓延到什么地步就取决于两个人的心情了。有时争执会演变成冷战,把对方当成一团空气。

其实,女人在这种“关键时刻”,不要霸占绝对优势地位,要懂得“示弱”,给丈夫一个台阶,他会觉得你很体贴、温柔,自然他也会感动,你们的感情也就会更加牢固。

停战的方式有很多种。有些女性选择扮可怜,躲在被窝里哭,让他心软,但是,如果是自己不对,还理直气壮地扮可怜,也太过分了。有人选择说反话,譬如说:“既然我们常常吵架,不如分手吧!”先下手为强,他不舍得你,自然不敢再生你的气,可那么随便就说分手,说得太多了,他也不会再相信你。

女人要用属于女性的方法“示弱”。小李虽然和丈夫经常吵架,可是他

们的感情却越吵越好,很多姐妹都向她请教。

小李和丈夫的结合在人们的传统认识里确实不是一个完美的结合。她有才有貌,是那些媒婆眼中的香饽饽。而他才貌不敢当,论才,大学里学了四年英语,四级都没有过,论貌,是个近视眼,很普通的那种。在今天物质化的社会里,丈夫还有一个致命的弱点:没财。她和他走到了一起,也确实灼伤了某些传统观念的人的眼睛和脑神经。但她看中的就是他的好脾气和诚实。

婚前的爱情生活是甜蜜的,在学校的时候,她就经常给他洗脏袜子,她觉得给自己心爱的人洗袜子是一种幸福。

可是婚后就不是如此了,丈夫洗澡之后老是忘了把袜子丢进洗衣机,为此,他们经常吵架。

“家里怎么有股怪味儿啊,是不是你又没把袜子放洗衣机啊?”她在家里嚷嚷。

“忘放了,你放一下吧。”丈夫穿衣准备出门。

“你自己放,臭死了。”她继续看着电视。

“你可真是婚前婚后两个样啊,以前还用手给我洗呢,现在让你机洗你都不愿意了。”

“那你以前还省吃俭用的给我买化妆品呢,现在呢,也从来没见过你送我东西了。”

……

两人就这样吵起来了,丈夫摔门上班去了。她一个人在家生闷气,可是她后来琢磨起来:丈夫在外面赚钱养家不容易,就是一双袜子,我洗了就是嘛,干吗那么挑剔。于是她给丈夫发了个短信:亲爱的,我发现我很久都没有这么叫你了。我的唇膏用完了,下班了能给我带一支回来吗?

丈夫下班回来后,她做好了香喷喷的饭菜,丈夫果然给她带回来了唇膏,而且还是她一直舍不得买的那个牌子。

“我手上有油,你帮我擦一下?”

就这一句话,她和丈夫和好了。他们还约定:多为对方考虑;吵架时间不许超过三小时;吵架不许提离婚;吵架也不许离家出走。

小李和丈夫能够和好就是由于她机智地“示弱”,本来很多夫妻之间的吵架并不是原则上的大问题,只不过是一些生活琐事,不必斤斤计较。女人也应该体贴丈夫,给丈夫一个台阶,男人都是吃软不吃硬的。千万不要以为示弱的女人没有本事,她们虽然低头,但不是一味地低头,那些一味低头的女子才是真正的弱女人,示弱的关键在“示”上。在高情商女性的爱情宝典里,聪明的女人适时流露出天真和弱小,她将收获诸如呵护、疼爱、帮助、信任等一系列的良性结果。

在适当的时候“示弱”,男人也会相应变得软弱,女人也就会将婚姻经营得丰富多彩!

好日子不是忍出来的

俗话说“忍一时,风平浪静;退一步,海阔天空”。似乎忍一忍就会得到好的回报,让一让就能换来太平。也许在竞争激烈的社会里,忍让是紧张氛围的调节阀,会暂时给你时间做个深呼吸,做个简单的调整,从而在较为轻松的环境里,更有精力、更加有效地去完成自己所要做的事。但是在感情上,忍让往往会拖累自己,甚至会给两个人的生活埋下隐患。所以,完美的爱情不是忍出来的。

小静在一家公司做文员,工作比较轻松,而且工资待遇很不错,但是让朋友们更羡慕的是她有一个非常能挣钱的老公。这个男人叫王峰,在一家保险公司工作,由于跑外勤,所以每天非常累,但是高额的提成和奖金刺激着他每天近乎疯狂地工作。两人婚后开始过着平淡的生活,但是平淡的表

面下却隐藏着可怕的家庭问题。

在公共场合，小静温柔美丽，而且时时维护着丈夫的尊严，夫唱妇随，王峰高大威猛，对小静照顾有加。很多人心里都认为，王峰是小静的守护者，能在危险的时候保护她，而小静则能照顾好两个人的生活，所以很让人羡慕。但是，回到家中，有时王峰就像中了魔，有什么不顺心就会责怪小静，甚至辱骂小静，更有甚者，动手打人。有几次小静被打得脸上、身上青一块紫一块，同事问其原因，她都撒谎说走路不小心摔的。小静本性柔弱善良，认为忍一下就过去了，老公消消火就没事了。但是事与愿违，王峰不但不见悔改，反而变本加厉，有时根本没有先兆就动手打小静，有几次小静都昏厥过去了，他才肯住手。小静身心疲惫，提出离婚，但是王峰却在小静的面前跪下求她不要离婚，小静的心很软，就退让了，答应不离。似乎事情平息了，但是好景不长，王峰又开始上演家庭暴力，小静忍无可忍，最终与王峰分道扬镳。

也许家庭暴力的例子有些严重，但是要说明的问题本质是一样的。很多感情上的事情不能退让，在婚姻上退让，你的幸福质量可能就降低了；在爱情上退让，你的爱情可能就离你远去了。并不是说要与你的丈夫争论不休，而是你没有做错的事情就不要轻易认错，这样会给男人一种把责任往你身上推的惯性，一旦这种习惯养成了，你的日子也就不好过了。所以你要与老公建立一种合理的沟通方式，要让对方知道你是有思想的，在关键问题上是有原则的，是不会轻易退让的。如果对方蛮横不讲理，或者做出极为不当的行为，作为女人必须要为自己站出来，维护自己的正当权利，甚至不惜用法律武器保护自己，要知道维护自己的尊严。也许你很爱他，恻隐之心让你一忍再忍，但是，再一再二，不能再三再四。

有人曾说“男人不能惯着”，虽然说起来不好听，但是是有一定的道理的。这样做的目的不是让他驯服、完全听你的，不是你指东他不敢往西，而是要在矛盾中让他知道你是对的，所以不能退让，即使你退让也要让他知道这是为了你们，而不是你自己。实际上这招更加高明，明退实进。这样一来，他就知道怎么和你相处才能让你们更加融洽，同时，这样也能让你们的生活更加理性。理性的生活再增添些情趣，追求些浪漫，就很完美了。

选择婚姻要有长远的眼光

最近比较流行的“嫁碗族”“嫁富二代族”，在网络已经引起了较强的议论。女人想要嫁得好点，让自己的物质生活富裕点，本无可厚非。但是，如果女人在谈婚论嫁的时候只是把目光盯在对方的工作、收入、财富上，从而忽略了性格、品质及两个人的感情等这些精神层面的东西的话，确实不得不引起人们的思考。

当前社会竞争激烈，女人找工作难，房价太高，买不起房等一系列问题，导致许多女人把结婚的条件明码标价，要有房有车，存款不能低于五位数。这便诞生了“找个好工作，不如嫁个‘钱老公’‘权老公’”的想法。有的女人认为，在生活面前不要相信感情，因为感情也会有消失的那一天，既然如此，为什么不干脆直接找个有钱、有权的老公，至少可以享受生活。在这里我们不去评价这种想法对与不对，只是想奉劝这些女人，如果把自己的婚姻当成是一种买卖的话，等到你失去价值的那天，只会被别人当成旧的物品丢掉。

王强因为高考的时候没有发挥好，所以只能选择一个三类的本科学院就读。大学期间，他谈了一个女朋友。当时两人的关系非常好，每天形影不离。但是毕业了，两人最终分了手。原因很简单，女朋友毕业后，认识了一个当地的公务员，为了自己将来能够过上衣食无忧的生活，最终放弃了王强，在很短的时间内便与公务员定好了结婚的日子。直到接到女朋友发来的请柬，王强才明白过来自己已经被女朋友宣判出局了。有一段时间，王强很难从女朋友的背叛中走出来。一气之下，他也参加了公务员的考试，且最

终以较好的成绩顺利地走进了某省交通厅，转眼间也成为了一名公务员。由于王强性情比较沉稳，工作表现突出，没两年的时间便又得到了领导的提拔。面对自己取得的成就，王强内心感触很深，虽然自己已到了结婚的年龄，也已经相过二十来个女友，但是始终没能找到自己心仪的女孩。相亲时，只要对方一听到他的身份，那表情便立即变得特别灿烂，仿佛她们相的不是男友，而是一堆明晃晃的金子。

虽然我们处在一个物质社会，面包固然重要，但是婚姻幸福的基础是感情。如果像王强的前女友那样，为了让自己生活得安逸一些，而把自己匆忙嫁给一个看起来条件不错的人，其实这是一种很不理智的行为。在婚姻中，她只是把自己当成一种商品来交易。这种选择最终可能会因为两人感情、性格不合带来婚姻危机。女人看似赚取了很多，实际最终却是输了你的青春和年华。因此，奉劝那些不惜一切代价一心想把自己嫁得好点的女人们，如果想让自己的婚姻生活幸福美满，请用理性的头脑去对待你的婚姻。

如果女人盲目地追求经济和物质是对自己的婚姻和人生极不负责任的做法，那么把婚姻当成交易来进行的做法更是不明智的行为，最终只会让自己的婚姻陷入危机状态。因此，女人想要拥有幸福的人生，在对待婚姻问题的时候应慎重考虑，不可盲目冲动。

如果你也想要拥有持久的婚姻，那么一定要慎重地选择结婚对象。无论什么年代，“门当户对”的婚姻才是明智的选择。选择对象时一定要看清自己的基本条件，然后再考虑自己能嫁、要嫁什么样的男人。如果你只是贪图享受，从而忽略两人的身份、地位、教育背景等因素，最终只会因为这些方面的落差影响彼此的婚姻幸福感，看似美满幸福的婚姻最终也会随着时间的流逝而支离破碎。

因此，女人想要拥有幸福持久的婚姻一定要把自己从婚姻交易的想法中脱离出来。只有你的婚姻拥有情感基础，才能坚不可摧，也只有这样才能成就幸福持久的婚姻。

经济独立是女人婚姻的保障

当前社会竞争激烈，虽然说男女各半边天，但是女人想要在事业上有所成就，还是要付出更多的努力。为了能让自己不那么辛苦，有的女人选择嫁给有钱、有权的男人，让自己从此以后可以衣食无忧。然而，事实证明，女人依靠婚姻来改变自己的生活条件的想法并不明智。一方面，有这种想法的女人会为了金钱嫁给自己不爱的男人，另一方面，如果女人总是把手伸向男人的话，久而久之，可能会引起男女双方地位上的不平等。

时代迅猛发展，女人已经在社会上占据了重要的位置，取得独立地位。女人的独立主要体现在三个方面：一是情感独立，二是人格独立，三是经济独立。在这三个方面，女人只有经济独立了，才能实现情感和人格上的独立。

经济独立对于女性来说，有着重要的作用，主要体现在以下几个方面。

(1)在感情选择上忠诚于自己，不必屈从于金钱

女人经济上独立了，就不必屈从于金钱，从而避免把自己的婚姻与金钱联系起来。这样一来，女人可以根据自身的条件和自己的想法来选择婚姻。只有这样，女人才能真正控制自己的感情，选择一个真心喜欢的人来共度一生。只有拥有深厚的情感基础的婚姻，才能确保女人拥有美满幸福的婚姻生活。

(2)让女性有充足的时间和条件充实自己，尽情发挥自己的魅力

如果女人经济上不能独立，即便你再聪明机智，你依然还是男人的附庸，一切都得听从男人的指挥，那也就谈不上人格独立，更谈不上情感独立。在这种不平等的关系中，你还能保证和奢望自己的婚姻幸福和持久吗？

与那些整日在家操持家务的女人相比，经济独立的女性有充足的条件

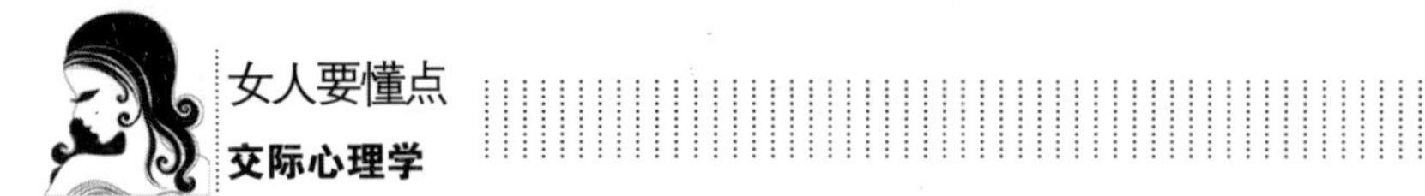

学习与充实自己,可以让自己充满才华与魅力。为了能够在职场中更好地生存和发展,女人会注重自己的形象和才能,这样可以使女性的思维与时代发展相协调,不至于让自己落伍。从一定程度上来讲,这可以令女性对男性时刻充满吸引与诱惑,女人能够保持持久的吸引力,更有利于体验到婚姻的幸福感。

(3)减轻家庭负担,提高生活水平

女性如果经济独立,可以给家庭带来收入,有利于家庭物质水平的提高。在物质水平提高的同时,女性也可以从烦琐的家庭劳动中解脱出来,把更多的时间放在读书、交友和娱乐上面。这些活动可以让女性的生活更加丰富,婚姻生活也会更加精彩。当然,女人找准了自己的定位,拥有自己的生活方式,懂得享受生活的乐趣,可以使女人更加富有活力,与这样的女人交往也可以使男人生活压力减轻。试问,有哪个男人不愿意与这样的女人轻松愉快地生活呢?拥有独立的经济来源也可以保证女性婚姻生活持久幸福与美满。

女人要明白,在这个充满变化的世界上,除了自己拥有,没有什么可以是永恒不变的。不管男人多么有钱,都不如自己有。虽然钱并不是万能的,但是女人想要让自己拥有一个持久幸福的婚姻的话,那就一定得有独立的经济来源。

如果明白了这个道理,相信聪明的你也会马上行动起来,让自己独立强大起来,只有这样,才能让自己的婚姻更幸福,生活更美好。

参考文献

[1] 吴维库. 阳光心态[M]. 北京:机械工业出版社,2006.

[2] 李欣频. 十四堂人生创意课[M]. 北京:电子工业出版社,2008.

[3] 金韵蓉. 幸福女人的芳香生活[M]. 北京:中信出版社,2007.